ÉTONN

JEAN-NOËL FENWICK

Les Palmes de M. Schutz

Présentation, notes et dossier
par CLAIRE JOUBAIRE,
professeur de lettres

GF Flammarion

Le théâtre contemporain
dans la même collection

L'Atelier, Jean-Claude Grumberg
La Controverse de Valladolid, Jean-Claude Carrière
Harold et Maude, Jean-Claude Carrière et Colin Higgins
Zone libre, Jean-Claude Grumberg

© Éditions Flammarion, 2011.
ISBN : 978-2-0812-4974-5
ISSN : 1269-8822

SOMMAIRE

Les Palmes de M. Schutz

■ Photographie du couple Curie dans son laboratoire de la faculté des sciences, rue Cuvier à Paris, en 1913. Le metteur en scène des *Palmes de M. Schutz* s'est inspiré du mobilier et des instruments d'époque pour le décor de sa pièce.

© Costa/Leemage

PRÉSENTATION

Qui sont Marie
et Pierre Curie ?

Avant la rencontre : parcours croisés
(1859-1894)

Des époux Curie, Pierre est le plus âgé. C'est en 1859 qu'il voit
le jour, dans une famille française particulièrement soucieuse de
l'éducation de ses enfants. Le petit garçon ne fréquente pourtant pas l'école, car ses parents prennent eux-mêmes en charge
l'éducation de leur fils. Son père, Eugène Curie, est en mesure
de lui assurer une solide instruction scientifique : il a lui-même,
un temps, envisagé de consacrer sa vie à la science, avant d'y
renoncer pour devenir médecin. Le jeune Pierre ne suit pas plus
de deux heures de leçons par jour, et le reste de la journée est
consacré à d'autres activités, comme la promenade, la lecture
ou les jeux qui, selon ses parents, participent tout autant à la
construction de l'enfant. Il obtient le baccalauréat à seize ans et
entre alors à l'université, qui lui délivre deux ans plus tard une
licence de physique. En 1877, à tout juste dix-huit ans, Pierre
Curie est un étudiant brillant, bien décidé à se lancer dans la
carrière de chercheur et à faire progresser la science.

Marie naît à Varsovie, en Pologne, le 7 novembre 1867 : elle
s'appelle alors Manya Skłodowska. Comme celui de Pierre, son

milieu familial est particulièrement sensible à l'éducation : son père est professeur de mathématiques et de physique, tandis que sa mère dirige une école de jeunes filles fort réputée. Pourtant, sa famille connaît une situation financière difficile. Varsovie est alors sous la domination de l'Empire russe[1], et l'occupant éloigne des postes importants les Polonais qui pourraient contester son autorité. Le père de Marie perd son emploi de sous-directeur de lycée et se voit contraint d'accepter un poste de surveillant de pensionnat, moins prestigieux et moins bien rémunéré. À ces difficultés matérielles s'ajoute la maladie qui frappe la famille de Marie à plusieurs reprises : sa mère souffre de la tuberculose, et deux de ses sœurs sont atteintes pas le typhus, qui emporte l'une d'entre elles. Ces épreuves n'empêchent pas la jeune fille de réussir de brillantes études. À la mort de sa mère, en 1878, elle semble se réfugier dans le travail et la lecture, et devient pensionnaire d'un lycée réputé. Tout comme son futur époux, elle n'a que seize ans quand elle obtient son diplôme de fin d'études secondaires (1883), équivalent du baccalauréat. Elle reçoit à cette occasion une médaille d'or qui récompense l'excellence de son parcours scolaire – gratification prestigieuse, mais habituelle dans sa famille : c'est la troisième fois qu'un des enfants de la fratrie se voit attribuer cet honneur.

Alors que Marie vient d'achever le lycée, Pierre est déjà un scientifique reconnu. En 1882, avec l'aide de son frère Jacques, il a fait une découverte scientifique majeure : en menant des expériences sur des cristaux, les frères Curie ont démontré que certains d'entre eux, comme le quarz, dégagent de l'électricité

---

1. En 1795, la Pologne a perdu son statut d'État indépendant, et son territoire a été divisé entre la Prusse, la Russie et l'Empire autrichien.

quand ils sont soumis à une pression mécanique. Ils nomment ce phénomène la piézoélectricité[1]. À la suite de cette découverte, Pierre Curie est engagé à l'École de physique et chimie industrielle de Paris, où il mène ses recherches tout en transmettant ses connaissances aux étudiants. Il y poursuit ses expériences, et énonce le principe de symétrie dans les phénomènes physiques, aujourd'hui encore connu sous le nom de « loi de Curie. »

En Pologne, le parcours de Marie est plus difficile. L'université n'est pas ouverte aux femmes, et la jeune fille doit inventer son propre parcours de formation. Elle participe ainsi aux cours dispensés par une institution clandestine polonaise, « l'Unité volante ». Mais Marie et sa sœur Bronya ont de l'ambition : elles sont bien décidées à partir étudier à Paris, à l'université de la Sorbonne. Elles concluent alors un pacte : Marie travaillera en Pologne pour financer les études de Bronya à Paris, et une fois que celle-ci aura une situation stable, elle financera à son tour les études de sa sœur, qui la rejoindra dans la capitale française. Marie reste donc à Varsovie, où elle travaille comme répétitrice. Elle réalise à cette époque ses premières expériences, avec l'aide de son cousin, Jozef Boguski, qui l'accueille dans le musée de l'Industrie et de l'Agriculture qu'il vient de fonder. En 1891, à l'âge de vingt-quatre ans, elle rejoint Bronya à Paris. Elle loge dans une chambre de bonne, ne possède paraît-il qu'une seule robe, mais qu'importe ? Elle fait partie des vingt-trois étudiantes inscrites à la faculté de sciences cette année-là ! Elle y obtient en 1893 un diplôme de physique, puis, l'année suivante, une licence de mathématiques. Elle est alors recrutée au laboratoire du professeur Lippman.

---

1. Du grec *piezein*, « presser ».

La rencontre et la découverte du radium (1894-1906)

En 1894, Gabriel Lippman aide Marie à obtenir une bourse : la jeune scientifique se voit chargée d'une étude sur les propriétés magnétiques de différents types d'acier. Pour mener à bien ce travail, elle se lance dans la quête d'un laboratoire où elle pourrait poursuivre ses recherches en collaboration avec un chercheur aguerri, apte à la guider dans ses expériences. Un ami de la famille a alors l'idée de lui présenter Pierre Curie. Les deux chercheurs tombent rapidement amoureux. Le 26 juillet 1895, ils se marient, et Manya Skłodowska prend le nom de Marie Curie.

Les jeunes mariés s'installent dans un appartement à Paris. Deux ans plus tard, en 1897, naît leur premier enfant, une petite fille prénommée Irène. Marie Curie ne cesse pourtant pas de travailler. Tandis que Pierre présente sa thèse, elle prépare le concours de l'agrégation de physique, auquel elle est classée première. Puis elle se lance à son tour dans la préparation d'une thèse, étape nécessaire à une carrière scientifique. Ses travaux s'inscrivent alors dans la lignée d'une découverte très récente d'Henri Becquerel qui, en 1896, s'était rendu compte que l'uranium produisait des rayons invisibles et pénétrants, capables de noircir une plaque photographique, même enveloppée dans du papier noir. Grâce au matériel inventé par Pierre, en particulier l'électromètre à quartz piézoélectrique, qui lui permet de mesurer des tensions de très faible intensité, Marie entreprend d'expliquer ce phénomène. Sa démarche expérimentale consiste à tester systématiquement tous les échantillons de minerais du laboratoire, pour vérifier si l'uranium est la seule substance à émettre ces mystérieux rayons. Au bout de quelques mois, elle met en évidence la présence dans la pechblende – minerai contenant un fort taux d'uranium – d'autres éléments qui émettent des rayons, encore plus forts que ceux produits par l'uranium, et propose d'appeler ce phénomène la « radioactivité ». Pierre abandonne ses propres recherches pour participer aux expériences de son épouse. Ensemble, avec l'aide du chimiste Gustave Bémont, ils démontrent l'existence d'un élément 400 fois plus actif que l'uranium, qu'ils baptisent « polonium » (en l'honneur de la terre natale de Marie), puis d'une substance 900 fois plus active : ils la nomment « radium » (du latin *radius*, « rayon »). Dès qu'ils publient les premiers résultats de leur recherche, à la fin de l'année 1898 – seulement huit mois après que Marie a entrepris ses premières investigations –, leur découverte est reconnue par leurs pairs comme une avancée majeure pour la science.

Des années de recherche sont ensuite nécessaires pour purifier ces éléments et les analyser. Ce travail ne se fait pas sans mal : menant leurs expériences sans aide pendant deux ans, les Curie doivent se contenter, en guise de laboratoire, d'un local mal aménagé, mal protégé contre la pluie et le froid, et dépourvu de système d'évacuation des gaz dangereux, ce qui les oblige parfois à travailler... dans la cour de l'immeuble ! De plus, ces expériences coûtent cher, le prix des minerais étant très élevé – et il faut dix tonnes de pechblende pour isoler un seul gramme de radium ! Les Curie ne se découragent pas, développent des collaborations avec l'industrie afin de s'approvisionner en minerais, et travaillent sans relâche. Les médecins perçoivent vite combien la découverte du radium est prometteuse pour guérir une maladie jusqu'alors incurable, le cancer.

Dès 1901 apparaissent les prémices de la « curiethérapie », qui consiste à guérir une tumeur grâce à une source d'énergie radioactive placée à proximité.

En 1900, Marie Curie obtient un poste de professeure à l'École normale supérieure de jeunes filles de Sèvres. En 1903, elle soutient sa thèse sur les substances radioactives. C'est alors la première femme à obtenir un doctorat de physique. Sa thèse est immédiatement traduite dans plusieurs langues. La même année, la commission du prix Nobel, qui récompense les personnes « ayant apporté le plus grand bénéfice à l'humanité », envisage de distinguer la découverte de la radioactivité. La France propose alors à la commission les noms de Pierre Curie... et d'Henri Becquerel ! L'intervention d'un membre de l'Académie suédoise qui attribue le prix sera nécessaire pour que Marie ne soit pas oubliée : le prix Nobel de physique est finalement donné conjointement à Henri Becquerel et aux époux Curie. Marie et Pierre acquièrent une popularité inédite pour des scientifiques, et deviennent des vedettes du monde de la science, « poursuivis par des photographes et des journalistes de tous les pays du monde », d'après Pierre Curie lui-même. Dès lors, leurs conditions matérielles s'améliorent, et la progression de leur carrière s'accélère : Pierre est nommé professeur à la Sorbonne en 1904, puis est élu membre de l'Académie des sciences. Il ne profitera pourtant pas longtemps de sa soudaine notoriété et des perspectives de travail qu'elle lui offre : le 17 avril 1906, à l'âge de quarante-sept ans, il meurt accidentellement, laissant derrière lui Marie, Irène, et la petite Ève, née deux ans plus tôt.

La longue carrière de Marie Curie (1906-1934)

La carrière de Marie Curie est loin de s'arrêter à la mort de son époux. Le poste qu'occupait Pierre à la Sorbonne lui est attribué : Marie devient ainsi la première femme admise comme enseignante à la faculté des sciences, où elle enseignera la radioactivité pendant dix-huit ans. Elle continue bien entendu à mener ses recherches scientifiques, avec succès. En 1911, elle obtient – fait inédit – un deuxième prix Nobel, de chimie cette fois. Pourtant, son parcours est semé d'embûches, et elle se heurte à des obstacles que n'avait pas rencontrés Pierre. Elle est la cible d'une campagne de dénigrement, et on lui reproche d'avoir une liaison avec un collègue marié, Paul Langevin : l'affaire fait grand bruit et risque de lui coûter l'attribution de son second prix Nobel. Malgré la reconnaissance internationale de son travail sur la radioactivité, elle ne parvient pas à se faire élire à l'Académie des sciences. Pourtant, Marie Curie refuse de se mettre à l'écart du monde scientifique. Elle mobilise au contraire toute l'énergie qui la caractérise à faire aboutir une bataille lancée par Pierre lors des dernières années de sa vie : la création d'un vaste laboratoire qui puisse rassembler les meilleurs scientifiques et leur permettre de mener leurs recherches dans de bonnes conditions.

En 1912 débute la construction de l'Institut du radium destiné à développer l'étude de la radioactivité. Deux ans plus tard éclate la Première Guerre mondiale. Les travaux du laboratoire se concentrent alors sur la médecine de guerre. Marie Curie se mobilise personnellement, et conçoit des camionnettes munies d'un appareil à rayon X, appelées les « petites Curie ». Ces postes de radiologie mobiles, qui permettent de localiser les éclats d'obus dans le corps des soldats blessés, circulent sur le front, d'hôpital en hôpital. Après la guerre, malgré des difficultés financières rencontrées dans les années 1920, l'Institut du radium se développe, et accueille de nouveaux chercheurs et chercheuses : Marie Curie se trouve alors à la tête du plus grand laboratoire de recherche français. Elle obtient également la création de la fondation Curie, dédiée au traitement du cancer. Parallèlement à son travail de recherche, elle s'engage avec énergie pour la reconnaissance d'une véritable profession de chercheur scientifique, et d'une recherche publique financée par l'État.

Les usages commerciaux du radium échappent quant à eux à la chercheuse : cette substance mystérieuse, qui émet une lumière étrangement bleutée, fascine le grand public... et les publicitaires ! Jusque dans les années 1930 sont régulièrement mis sur le marché et vantés pour leurs vertus sur la santé des produits à base de radium : aliments pour animaux, crèmes de beauté, produits miracles en tout genre... Pourtant, le radium, quand il est utilisé sans précaution, est dangereux. Marie Curie elle-même prend part, dès le milieu des années 1920, à des commissions d'expertise et à des campagnes de prévention afin de réduire les risques liés aux radiations.

En 1934, elle meurt d'une leucémie, maladie pour laquelle sa longue exposition aux rayons radioactifs avait créé un terrain favorable.

En 1995, les cendres de Marie et Pierre Curie sont transférées au Panthéon. Marie Curie est la première femme à y être enterrée pour ses mérites propres.

Les Palmes de M. Schutz

L'auteur

Jean-Noël Fenwick est né en 1950. Après avoir suivi des études de lettres, il a toujours vécu de sa plume, mettant ses talents d'écrivain au service du journalisme ou de la publicité, avant de se lancer, à la fin des années 1970, dans l'écriture de pièces de café-théâtre et de *scenarii* pour la télévision et le cinéma. En 1989, la création au théâtre des Mathurins des *Palmes de M. Schutz* constitue un tournant dans sa carrière : la pièce est un triomphe public et critique. Elle remporte des prix – dont quatre Molière en 1990, et le prix du Jeune Théâtre en 1993 – et reste à l'affiche du théâtre des Mathurins six années consécutives. Très vite, elle est montée dans de nombreux pays après avoir été traduite en plusieurs langues.

Pour Jean-Noël Fenwick, l'idée d'écrire une pièce sur la découverte du radium est née d'un double intérêt. Le premier est celui qu'il éprouve pour les sciences en général : c'est un grand lecteur d'ouvrages de vulgarisation scientifique. Il se lance ainsi dans l'écriture de la pièce avec la certitude que l'aventure que constitue une découverte scientifique majeure est un sujet apte à captiver le spectateur et à susciter des émotions fortes. L'autre passion qui l'anime est celle qu'il nourrit envers le couple Curie lui-même, qui constitue, selon lui, « le seul exemple, dans l'histoire de l'humanité, d'un homme et d'une femme ayant gravi, main dans la main, à égalité de mérite, la pyramide du génie[1] ».

---

1. Phrase extraite du billet de l'auteur publié dans le programme de la pièce lors de sa création.

De la réalité à la fiction

En écrivant *Les Palmes de M. Schutz*, Jean-Noël Fenwick fait le choix de se concentrer sur une période précise de la vie des Curie : celle qui mène de leur rencontre à la découverte du radium. Bien qu'il se soit solidement documenté pour écrire sa pièce, il s'autorise bien sûr quelques libertés avec la réalité historique et scientifique. Il choisit ainsi de condenser le récit sur deux actes, qui constituent chacun un épisode de l'aventure scientifique et sentimentale des Curie, se déroulant sur quelques semaines, dans un lieu unique : le laboratoire de l'École de physique et de chimie industrielle. Le premier acte, situé en 1894, relate la rencontre des Curie, et la découverte de la propriété qu'a l'uranium d'émettre de mystérieux rayons, capables de noircir à distance des plaques photographiques – c'est la radioactivité. Le second acte se déroule « quatre ans plus tard » : les Curie, désormais célèbres et parents d'une petite fille, voient les résultats de leurs recherches mis en cause par le communiqué d'une équipe de scientifiques anglais. Ils reprennent leurs expériences, travaillent d'arrache-pied pour parvenir à analyser les différents composants de la pechblende, et découvrent enfin, cachée parmi ce qu'ils considéraient jusqu'alors comme des « impuretés », une substance beaucoup plus radioactive que l'uranium : le radium. Quelques semaines – et quelques scènes – plus tard, ils parviennent à isoler un gramme de cette substance, et la pièce se clôt sur le couple admirant, la nuit, l'éclat bleuté de cette « Lumière du Futur ».

L'auteur, on le voit, bouscule la chronologie, attribue aux Curie le mérite de la découverte d'Henri Becquerel, et condense sur quelques semaines un travail de plusieurs années. Pour cela, il invente une intrigue secondaire qui donne précisément son titre à la pièce. Le laboratoire est dirigé par un certain M. Schutz : dans le premier acte, c'est dans son impatience d'obtenir enfin les palmes académiques qu'un collègue légèrement plus jeune se vante d'avoir eues, qu'il fixe à Pierre Curie et à son collègue Gustave Bémont – surnommé « Bichro » – un délai d'un mois pour publier un communiqué faisant état d'une découverte scientifique majeure. En outre, il leur impose une nouvelle collègue, une jeune étudiante fraîchement arrivée de Pologne, Marie Słokłowska. Tout cela en arborant cet argument édifiant : « L'État vous paie pour trouver, pas pour chercher » !

Quatre ans plus tard, c'est lui qui leur apporte le communiqué qui met en question les résultats de leurs expériences et qui les pousse à mener leurs recherches au plus vite... afin d'obtenir le fauteuil d'académicien qui vient de se libérer ! Et lorsque, furieux de l'accueil peu chaleureux réservé par Marie au recteur qui risque de mettre en péril la promotion tant attendue, il pose une nouvelle fois un ultimatum aux Curie, il transforme l'intrigue en une véritable course contre la montre...

Schutz, comme presque tous les personnages de la pièce, a réellement existé, et bien qu'il n'eût pas le rôle que lui attribue Jean-Noël Fenwick, il fut bien, un temps, le directeur de l'École de physique et chimie industrielle où travaillèrent les Curie. Ainsi, dans la création de ses personnages, le dramaturge mêle habilement la réalité et la fiction. Les intrigues secondaires, parfois parfaitement fantaisistes, soulignent des aspects de la personnalité des protagonistes importants aux yeux de Fenwick. Certes, Marie Curie ne confectionna pas une bombe qui faillit tuer Sadi Carnot, mais elle prit réellement fait et cause pour la nation polonaise. Certes, les reproches adressés par Pierre Curie à son collègue Gustave Bémont sont le fruit de l'imagination du dialoguiste, mais ils soulignent l'intégrité du physicien, dont témoignent, outre sa carrière, de nombreux discours et lettres authentiques.

Le couple Curie, héros de la pièce, est accompagné d'une série de personnages secondaires, comme Gustave Bémont ou le professeur Schutz. S'ils permettent de mettre en valeur certains aspects de la personnalité des personnages principaux, ils sont cependant loin d'être de simples faire-valoir. En premier lieu parce qu'ils possèdent une forte puissance comique, mais aussi parce qu'ils sont traités, tout comme les deux héros, de manière plus nuancée qu'il n'y paraît. Gustave Bémont apparaît tout d'abord comme un scientifique peu rigoureux – un « jean-foutre », comme l'affirme Pierre Curie dans un moment de colère –, plus soucieux de l'argent que lui rapporteront les brevets déposés en son nom que des recherches collectives du laboratoire. Mais la scène où il se dispute avec Pierre, et où il insiste sur ses origines sociales modestes, qui justifient à ses yeux son besoin d'afficher sa nouvelle richesse, donne de la profondeur au personnage. Il en va de même de Georgette, qui, tout ignorante qu'elle est, joue un rôle crucial dans la découverte de ses employeurs.

Le choix de la comédie

Le choix de faire des Curie les protagonistes d'une comédie, si étonnant qu'il puisse paraître, est revendiqué par Jean-Noël Fenwick comme une manière de rendre justice à ces grands scientifiques en prenant le contre-pied de l'image traditionnelle de savants austères, sacrifiant leur vie au travail, cloîtrés dans leur laboratoire comme dans une tour d'ivoire, comme le veut le cliché. « La légende officielle, affirme-t-il, au lieu de les sublimer, de les situer hors du temps, de l'humain, leur a moins rendu hommage qu'elle ne les a trahis. Ce sont nos Einstein, mais comme ils ne tiraient la langue à aucun photographe, peu d'ouvrages montrent leur humour. Que faire pour lutter contre une légende d'austérité et de sacrifice, que faire pour corriger une image assombrie, si ce n'est l'éclaircir par la comédie ? »[1]

Pour « corriger » et « éclaircir » l'image des Curie, le drama-turge entreprend tout d'abord de les arracher au lieu « hors du temps » de la légende, pour les situer dans leur époque, celle des dernières années du XIXe siècle. C'était alors le temps de la IIIe République, de l'affaire Dreyfus qui divisait la France en deux camps, des luttes politiques qui conduisirent à l'assassinat du président de la République Sadi Carnot en 1894. Mais c'est aussi l'époque des cabarets populaires où l'on se presse pour applau-dir le chansonnier Aristide Bruant et les danseuses de french cancan, des scènes de spectacles où le Tout-Paris vient admirer la mystérieuse et fascinante danseuse américaine Loïe Fuller... autant de références évoquées çà et là au cours des dialogues des *Palmes de M. Schutz*.

Au théâtre, c'est l'âge d'or du vaudeville, l'époque où triom-phent Feydeau et Courteline, créateurs de ces joyeux specta-cles aux dialogues vifs, dans lesquels les péripéties se succèdent sur un rythme effréné et où les coups de théâtre abondent. Jean-Noël Fenwick s'approprie certains procédés qui firent le succès du genre. On retrouve dans sa comédie des dialogues percutants et enlevés, dans lesquels les personnages de Bichro, Georgette ou Marie Curie elle-même emploient une savoureuse

---

1. Phrase extraite des bonus du DVD de la pièce.

langue argotique ; des gêneurs dont il faut se débarrasser par la ruse – le recteur d'académie de Clausat ; des rebondissements à foison, par lesquels Jean-Noël Fenwick a astucieusement enrichi une intrigue dont le spectateur connaît pourtant déjà la fin : la découverte du radium et l'obtention du prix Nobel par le couple ; et aussi une légère visée satirique à travers les personnages du professeur Schutz ou du recteur d'académie, obsédés par les honneurs et par l'utilité – et la rentabilité – des recherches scientifiques des Curie. Le spectateur (ou le lecteur) attentif, en se rappelant que la pièce fut créée en 1989, perçoit aussi, dans la tradition des procédés comiques du vaudeville, des clins d'œil à l'actualité, comme lorsque Marie Curie, à Pierre qui lui demande « Comment dit-on "l'union fait la force" en polonais ? », répond « *Solidarność !* », référence à la fédération de syndicats polonaise qui, dans les années 1980, contribua à lutter contre le régime soviétique en Pologne. Enfin, bien sûr, comme il se doit dans une comédie, tout se termine bien !

Jean-Noël Fenwick ne se contente pas de reprendre les procédés comiques qui ont fait leurs preuves. *Les Palmes de M. Schutz* se situent également dans la tradition de ces pièces de théâtre qui dépassent le cadre étroit de la comédie en alternant des moments purement comiques et d'autres plus émouvants. Marie Curie vulgarise le problème scientifique auquel elle est confrontée pour le rendre accessible à sa bonne, et celle-ci nous fait rire en confondant la pechblende et la pêche blette. Cette explication lui permet de découvrir le radium, et nous partageons l'émotion intense de Marie et Pierre Curie face à cette découverte capitale. La pièce suscite ainsi des émotions diverses chez le spectateur, de manière quasi simultanée. Le mélange des registres permet également, au-delà du simple divertissement, de soulever des problèmes de société : à travers l'aventure scientifique et amoureuse de Pierre et Marie Curie, le dramaturge pose en filigrane la question de la place des femmes dans la communauté scientifique, mais aussi celle de la place de la science dans nos sociétés. Tout en s'inscrivant dans une tradition comique qu'il renouvelle, il pose des questions de son temps – et du nôtre, qui découvrons ou redécouvrons sa pièce.

Du théâtre au cinéma

En 1996, *Les Palmes de M. Schutz* est adapté au cinéma dans un film réalisé par Claude Pinoteau. Jean-Noël Fenwick participe à l'écriture du scénario et des dialogues. Trois vedettes y incarnent les personnages principaux : Isabelle Huppert joue Marie Curie, Charles Berling est Pierre Curie, et Philippe Noiret interprète le professeur Schutz. Il s'agit moins d'une transposition à l'écran que d'une véritable adaptation : une partie des dialogues est conservée, mais l'intrigue, surtout dans sa seconde partie, est modifiée, et certaines scènes sont supprimées, tandis que d'autres sont ajoutées.

Le film, grâce aux moyens du cinéma, va plus loin que la pièce dans la reconstitution historique de la vie des Curie. Un important travail sur les décors, les costumes, les coiffures et le son permet de reconstituer l'époque de manière très réaliste. Claude Pinoteau, qui a souligné à plusieurs reprise la dimension documentaire de son film de fiction, n'hésite pas à parler à son propos de « cinéma-vérité ». Quand cela était possible, il a tourné dans les lieux réels, et la salle de classe de Pierre, par exemple, est vraiment celle où enseigna le physicien à l'École de physique et de chimie industrielle de Paris. Le laboratoire des Curie fut quant à lui monté en studio, mais il fut reconstitué de la manière la plus exacte possible. Un grand soin fut en outre apporté au matériel scientifique, et Claude Pinoteau affirme que l'électromètre à quartz piézoélectrique de Pierre, qu'on voit dans le film, fut reconstitué de manière si exacte qu'on aurait pu réellement le faire fonctionner ! C'est ce souci d'authenticité qui a poussé également les scénaristes à modifier légèrement les étapes de l'histoire écrite à l'origine pour le théâtre : ainsi, le film s'ouvre sur des reconstitutions d'authentiques expériences menées sur la phosphorescence, qui n'apparaissent pas dans la pièce.

Le film insère dans la trame originelle des épisodes, parfois évoqués dans la pièce de Fenwick, mais que les spectateurs ne voient pas sur scène : c'est le cas du mariage des Curie, par exemple, ou de leur voyage de noces. Là encore, les scénaristes et le réalisateur ne se sont pas laissés aller au gré de leur imagination, mais se sont appuyés sur des documents et des témoignages historiques. Ainsi, la plupart des scènes qui représentent l'intimité du couple Curie, comme la demande en mariage de Pierre, ou leurs jeux avec une grenouille lors d'une étape de leur voyage de noces, transposent à l'écran des passages de la biographie qu'Ève Curie consacra à sa mère, intitulée *Madame Curie*[1].

Les acteurs furent également soucieux d'incarner de manière rigoureuse et authentique les époux Curie, et se documentèrent longuement avant de représenter leurs personnages. Contrairement aux indications des didascalies de la pièce, par exemple, Marie Curie conserve dans le film son accent

---

1. *Madame Curie*, Ève Curie, Gallimard, 1938.

polonais. Pour le recréer, Claude Pinoteau raconte qu'Isabelle Huppert prit appui sur un enregistrement de la voix de Marie Curie datant des années 1930.

Malgré le soin apporté à cette méticuleuse reconstitution historique, l'adaptation cinématographique reste un divertissement, et le film remporta un grand succès. Petit clin d'œil au prix Nobel des Curie, vous pourrez y reconnaître deux scientifiques ayant à leur tour obtenu ce prix dans les années 1990, Pierre-Gilles de Gennes et Georges Charpak : ils y incarnent des livreurs... de pechblende, bien sûr !

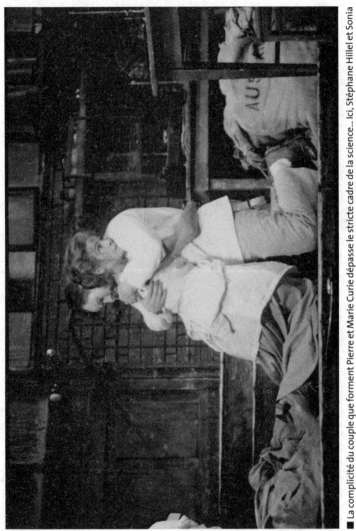

■ La complicité du couple que forment Pierre et Marie Curie dépasse le stricte cadre de la science... Ici, Stéphane Hillel et Sonia Vollereaux incarnent les deux savants dans la mise en scène historique de la pièce au Théâtre des Mathurins en 1989.

CHRONOLOGIE

1859 1934
1859 1934

- ■ Repères historiques et culturels
- ■ Vie de Pierre et Marie Curie

Repères historiques et culturels

1860	Labiche, *Le Voyage de M. Perrichon* (vaudeville).
1867	Karl Marx, *Le Capital*.
1870	Début de la IIIe République.
1871	Commune de Paris. Zola, *La Fortune des Rougon* (premier roman de la série des *Rougon-Macquart*).
1880	Gouvernement Jules Ferry : lois sur l'école (enseignement primaire laïque, gratuit et obligatoire ; généralisation de l'enseignement secondaire pour les jeunes filles) et sur la liberté de la presse.
1881	Aristide Bruant débute au cabaret Le Chat noir.
1887	Sadi Carnot président de la République.
1890	Toulouse-Lautrec, *Au Moulin rouge*.

Vie de Pierre et Marie Curie

1859   15 mai : naissance de Pierre Curie à Paris.

1867   7 novembre : naissance de Manya Skłodowska à
Varsovie. Benjamine d'une famille de cinq enfants.

1875   Pierre Curie obtient le baccalauréat.

1877   Pierre obtient une licence de physique à la faculté
des sciences de Paris.

1878   Mort de la mère de Marie, atteinte de la tuberculose.

1882   Pierre et Jacques Curie découvrent le phénomène
de la radioactivité.

1883   Marie obtient son diplôme de fin d'études
secondaires. Pierre publie le résultat
de ses recherches sur la piézoélectricité.

1884   Marie rentre à Varsovie, commence à donner des
leçons particulières, et fréquente «l'Université volante».

1890   Pierre entreprend ses recherches sur le magnétisme.

1891   Marie rejoint sa sœur Bronya à Paris. Elle s'inscrit
à la faculté des sciences de la Sorbonne.

Repères historiques et culturels

1892   Succès de la première chorégraphie de la danseuse Loïe Fuller, à New York. Elle est engagée aux Folies-Bergère, à Paris.

1894   Assassinat de Sadi Carnot, poignardé par l'anarchiste italien Santo Caserio.
Condamnation du capitaine Dreyfus, accusé à tort d'espionnage.
Feydeau, *Un fil à la patte* (vaudeville).

1895   Wilhem Röntgen découvre les rayons X.
Aristide Bruant entame une tournée mondiale.

1896   Henri Becquerel découvre que l'uranium émet des rayons qu'il nomme «rayons uraniques».
Feydeau, *Le Dindon* (vaudeville).

1898   Émile Zola publie «J'accuse». L'affaire Dreyfus éclate.
Courteline, *Les Boulingrins*.

1900   Exposition universelle à Paris.

1903   Premier vol en aéroplane.

Vie de Pierre et Marie Curie

1893   Marie obtient sa licence de physique. Elle est
première de sa promotion.

1894   Marie obtient sa licence de mathématiques.
Rencontre de Marie et Pierre Curie.

1895   25 juillet : mariage de Marie et Pierre Curie.

1896   Marie est reçue première au concours de l'agrégation
de physique.

1897   Marie commence sa thèse.
12 septembre : naissance d'Irène Curie.

1898   Découverte du polonium et du radium.

1900   Marie enseigne à l'École normale supérieure de
jeunes filles de Sèvres.

1903   Marie soutient sa thèse.
Le couple Curie obtient le prix Nobel de physique
qu'ils partagent avec Henri Becquerel. Marie Curie
est la première femme à recevoir ce prix. Elle obtient
la même année le prix Davy.
Pierre Curie refuse la Légion d'honneur.

1904   Pierre est nommé professeur à la Sorbonne.
En décembre, naissance d'Ève Curie.

1905   Pierre Curie est élu membre de l'Académie
des sciences.

Repères historiques et culturels

1906	Le capitaine Dreyfus est réhabilité.
1908	Ernest Rutherford, physicien anglais, reçoit le prix Nobel pour ses travaux sur la radioactivité.
1913	Proust, *Du côté de chez Swann*.
1914	Début de la Première Guerre mondiale.
1918	Fin de la Première Guerre mondiale.
1919	Traité de Versailles.
1921	Mort de Georges Feydeau.
1927	Affaire Sacco et Vanzetti.
1928	Mort de Loïe Fuller.
1929	Mort de Georges Courteline.
1934	Le ministère du Travail reconnaît les maladies liées à l'utilisation du radium comme maladies professionnelles.

Vie de Pierre et Marie Curie

1906 16 avril : mort accidentelle de Pierre Curie. Marie lui succède à la Sorbonne, et dirige le laboratoire.

1910 Publication par Marie Curie de son *Traité sur la radioactivité*. Elle parvient à isoler du radium pur. Marie Curie refuse La légion d'honneur.

1911 Violente campagne de presse contre Marie Curie, à qui l'on reproche une aventure amoureuse avec le physicien Paul Langevin. Sa candidature à l'Académie des sciences est rejetée. Elle reçoit le prix Nobel de chimie.

1912 Lancement de la construction de l'Institut du radium. Marie est nommée directrice du laboratoire Curie.

1914 Achèvement de la construction de l'Institut du radium.

1916 Marie Curie conçoit les «petites Curie».

1921 Collecte de fonds pour l'Institut du radium.

1922 Création de la fondation Curie.

1925 Marie Curie participe à une commission d'expertise de l'Académie de médecine sur les effets des substances radioactives.

1934 4 juillet : mort de Marie Curie des suites d'une leucémie.

■ Le réalisateur Claude Pinoteau s'est inspiré du mobilier et des instruments d'époque pour parfaire le réalisme des décors. Philippe Noiret (M. Schutz) donne la réplique à Charles Berling (Pierre Curie) et Philippe Morier-Genoud (De Clausat).

Les Palmes de
M. Schutz

PERSONNAGES

(par ordre d'entrée en scène)

Pierre Curie
Georgette
Gustave Bémont
Rodolphe Schutz
Marie Curie
Recteur de Clausat

Cette comédie a été représentée pour la première fois sur la scène du Théâtre des Mathurins en octobre 1989, dans la mise en scène de Gérard Caillaud.

Acte I

Scène 1

À travers la verrière, il neige. Peu de lumière. La pendule indique 7 heures 30. L'éclairage est celui d'un matin d'hiver. Pierre Curie fait son entrée. Brun. Petite barbiche brune et cheveux en brosse. Il est emmitouflé dans un manteau noir élimé[1]. Il va en grelottant déposer un grand cartable à moitié décousu sur la table centrale. Puis s'emploie à combattre les frissons qui le secouent par une vigoureuse gymnastique des bras. Il porte des moufles. Il va au poêle. Il regarde à l'intérieur puis dans le seau.

PIERRE, *grelottant.* – Toujours pas de charbon! *(Il va au porte-manteau. Il considère les deux blouses blanches qui y pendent. Il hésite puis se décide. Il quitte son manteau en poussant des «han» de froid. On constate que ses moufles sont reliées entre elles sous le manteau par une ficelle qui passe par les manches comme on fait de nos jours pour les bébés. Il se saisit d'une blouse, la revêt et accroche à la place son manteau. Cet échange de vêtements le fait frissonner et grelotter de plus belle. Il tente*

---

1. *Élimé* : usé.

de se réchauffer puis, n'y tenant plus, retire sa blouse précipi-
10 *tamment – si vite qu'il oublie de retirer une manche – et remet*
son manteau. Un peu rasséréné, il se frotte énergiquement les
mains et tape du pied. Il semble chercher sa blouse qui pend
désormais dans son dos, sous le manteau. Il va à la table et
ouvre son cartable. Il en sort un tas de copies. Il pose l'épaisse
15 *liasse sur le bord de la table, s'assoit et commence à les corriger.*
Mais il a froid. Il remet sa moufle gauche. Puis la droite, ce qui
le gêne pour tenir son porte-plume. Il est transi. Il sort de son
cartable une petite bouteille de cognac[1], en boit une lampée et,
ragaillardi, la repose à côté de lui. On frappe. Il sursaute et
20 *se précipite pour escamoter[2] la bouteille. Patatras! son geste*
brusque a fait tomber tout le paquet de copies. La bouteille
rempochée[3], il est en train de ramasser les copies quand on
frappe à nouveau.) Entrez.

Georgette fait son entrée. Georgette Robert est une solide fille à l'air
25 *réjoui, déterminé, parlant fort, bien que passagèrement intimidée*
par les lieux.

GEORGETTE. – Bonjour monsieur.

PIERRE. – Bonjour. *(Elle le regarde ramasser ses copies, un peu*
hésitante. Quand il lui tourne le dos, elle aperçoit avec surprise
30 *le pan de blouse qui dépasse du manteau. Pierre, de retour à sa*
place, retrouve son assurance.) Oui?

GEORGETTE. – Je m'excuse bien de vous déranger mais je
cherche un monsieur… J'oublie toujours son nom mais
on l'appelle Bicot.

---

1. *Cognac* : alcool fort.
2. *Escamoter* : cacher.
3. *Rempochée* : rangée.

35 PIERRE. – Il s'agit de M. Gustave Bémont qui partage ce laboratoire et qu'on n'appelle pas Bicot, mais Bichro, en effet.

GEORGETTE. – Il est pas là ?

PIERRE. – Il ne va pas tarder.

40 GEORGETTE. – Je peux l'attendre ?

PIERRE. – Oui. Encore que dehors vous aurez plus chaud !

GEORGETTE. – C'est vrai ça, il fait un froid de messe.

PIERRE. – Mais surtout ne l'appelez pas Bichro. C'est M. Bémont.

45 GEORGETTE. – Bon, Bémont. «Bicrot», ça veut dire quoi ?

PIERRE. – Vous avez pu observer qu'il a les cheveux bruns et la barbe rousse. Dans notre jargon[1] de chimistes, bichro veut dire bicolore.

GEORGETTE. – … ?

50 PIERRE. – Deux couleurs. Ça fait dix ans que ce sobriquet[2] se transmet chez les étudiants et dix ans que ça agace M. Bémont.

GEORGETTE. – Vous aussi vous en avez un de surnom ?

PIERRE. – Pas à ma connaissance. Mon nom est Curie. Pierre
55 Curie.

GEORGETTE. – Je sais. On se connaît.

PIERRE. – Vraiment ?

GEORGETTE. – Je suis la serveuse du restaurant *Le Petit Glouton*, vous vous souvenez pas ?

---

1. *Jargon* : vocabulaire propre à une profession.
2. *Sobriquet* : surnom.

60 PIERRE. – J'y vais parfois mais…

GEORGETTE. – Vous m'avez renversé une soupière de pois cassés sur les jambes…

PIERRE. – Mais oui parfaitement! Je suis le roi des maladroits.

65 GEORGETTE. – Vous êtes distrait, voilà tout, comme tous les savants.

PIERRE. – Il n'y a que les chiens qui sont «savants». Je ne suis pas savant. Je suis simplement chargé de cours et de recherches en physique et chimie. Comme M. Bémont.

70 GEORGETTE. – En tout cas, je suis sûre que quand vous êtes à votre affaire vous ne faites pas de bêtises.

PIERRE. – Non, heureusement. *(Il se rassoit. La chaise, mal équilibrée, manque l'embarquer à la renverse. Il se rattrape de justesse, flanquant à nouveau par terre le tas de copies.)*
75 Sapristi! *(Georgette se précipite pour l'aider à ramasser.)* Non, laissez, je vous en prie! *(Tous deux ramassent le tas de copies éparpillées.)* Non, s'il vous plaît, je vous assure, ça me gêne.

GEORGETTE. – C'est un honneur de vous aider. Vous faites un
80 si beau métier.

PIERRE, *touché*. – Merci infiniment. La science, quand elle est pure, est en effet une bien noble tâche.

GEORGETTE. – C'est vrai ce qu'on raconte? Qu'on s'amuse avec des machins jaunes dans des burettes[1] et que ça
85 devient bleu en faisant des PSCHH et des BLOUP-BLOUPS?

PIERRE, *indulgent*. – Enfin disons qu'on se livre parfois à des expériences spectaculaires.

---

1. *Burettes* : instruments permettant de verser un liquide goutte par goutte.

■ Dans le film de Claude Pinoteau, Pierre Curie (Charles Berling) et son collègue Gustave Bémont (Christian Charmetant) sont tout d'abord sceptiques lorsque Schutz leur présente Marie Skłodowska...

GEORGETTE. – Vous voudriez pas me faire un petit tour qui saute ou qui pète ?

90 PIERRE. – Je vous prie de m'excuser mais j'ai tout ce tas de copies à corriger…

GEORGETTE. – Oh ! n'importe quoi, vite fait, qui devient tout rouge ?

PIERRE. – C'est moi qui vais le devenir si vous me mettez en
95 colère !

Entre Gustave Bémont, dit Bichro. Effectivement barbe rousse et cheveux bruns.

Scène 2

BICHRO. – Bonjour Pierre.

PIERRE. – Gustave, bonjour.

100 BICHRO. – Toujours pas de charbon ?

PIERRE. – Ça ne saurait tarder. Simple retard administratif.

GEORGETTE. – Justement…

PIERRE. – Il y a cette personne pour toi.

BICHRO. – Mademoiselle Georgette ! Vous ici ?

105 GEORGETTE. – Oui M. Bicon, je me suis permis parce que…

BICHRO. – Bémont !

GEORGETTE. – Bémont. Vous me laissez toujours des bons pourboires au restaurant et vous avez toujours un mot gentil et moi je respecte beaucoup les savants, alors
110 j'étais venue vous dire…

Elle hésite.

BICHRO. – Oui ?

GEORGETTE. – Le directeur de cette école c'est bien un gros qu'on appelle Schutz ?

115 BICHRO. – Notre directeur à l'École de physique et chimie s'appelle effectivement Rodolphe Schutz et il est assez corpulent…

GEORGETTE. – Et il a un compère, euh… Baudet, Badaud, Rateau ?

120 BICHRO. – Binet ?

GEORGETTE. – Binet !

BICHRO. – Le professeur Binet, titulaire de la chaire d'anatomie à la Sorbonne, est bien un de ses amis mais…

GEORGETTE. – Ben, l'autre jour Schutz se plaignait à lui de
125 vous et de M. Curie.

BICHRO. – Vous m'étonnez.

GEORGETTE. – Je vous jure ! Soi-disant que vous inventez pas assez de choses. Binet lui a dit : «Tu n'as qu'à leur couper le charbon !» Et Schutz a trouvé ça très drôle !

130 PIERRE. – Vous devez faire erreur.

GEORGETTE. – Non non ! Même qu'il lui a dit : «Tu as raison. Leur labo, si ça ne dépote pas, ça va devenir le Pavillon des Esquimaux ! Le rendez-vous des chauds Lapons !»

BICHRO. – Il a dit ça ?

135 GEORGETTE. – Et ça les faisait rigoler ! Si c'est pas honteux ! Laisser de tels cerveaux se geler le derrière !

BICHRO. – Le Pavillon des Esquimaux !

PIERRE. – Je ne peux pas croire ça ! Il est exigeant mais toujours correct…

140 GEORGETTE. – Ouais, comme mon oncle. Jusqu'à épouser ma tante : toujours des risettes[1]. Et après six mois de mariage, il lui a coupé un doigt parce qu'elle recommençait à se ronger les ongles !

PIERRE. – Vous êtes sûre de ce que vous avez entendu ?

145 GEORGETTE. – Mot pour mot. *(Levant la main et crachant.)* Je le jure.

Pierre est un peu saisi par le coup du crachat. Il y a un froid[2].

PIERRE. – Bien, merci. Laissez-nous s'il vous plaît.

GEORGETTE. – Comment ?

150 PIERRE. – Vous pouvez retourner à votre travail, M. Bémont et moi avons à parler.

GEORGETTE, *un peu dépitée.* – Ah ! pardon, je me sauve. Un jour vous me ferez voir des glouglous ?

PIERRE. – Des... euh, à l'occasion.

155 BICHRO. – Au revoir. Merci.

PIERRE. – Au revoir.

Georgette sort. Puis revient aussitôt.

GEORGETTE. – Y'a des pieds paquets[3] ce midi. Je vous en mets de côté ?

160 PIERRE, *agacé.* – Merci non !

BICHRO. – Une petite part...

Elle sort, marmonnant pour elle-même d'un air entendu « une petite part, c'est ça : une petite part » en faisant le geste d'une grosse part. Ils sont seuls.

---

1. *Risettes* : sourires.
2. *Froid* : silence gêné.
3. *Pieds paquets* : plat provençal à base d'agneau.

165 PIERRE. – Tu la crois ?

BICHRO. – Pas toi ?

PIERRE. – Elle semble exaltée… Et c'est tellement indigne de Schutz.

BICHRO. – Alors où est le charbon ?

170 PIERRE. – L'École est à court, j'imagine.

BICHRO. – Alors auquel cas on se les gèle partout !

PIERRE. – Certainement !

BICHRO. – Eh bien, je vais voir.

Il sort d'un air décidé. Pierre reste seul. Il hausse les épaules, agacé.
175 *Il s'assoit. Un temps. Il bougonne.*

PIERRE. – «Le rendez-vous des chauds Lapons…» *(Du coude, il fait à nouveau choir[1] ses copies.)* Ah ! non ! *Il les ramasse, excédé. Il revient s'asseoir et se plonge à nouveau dans ses corrections. Il les corrige à toute vitesse, griffonne, déchire*
180 *un peu les pages, change d'expression… Retour de Bichro, un fauteuil à la main.*

BICHRO. – Il y a du charbon partout sauf ici ! L'amphi, les salles de travaux pratiques, le bureau de Schutz, partout il fait chaud ! *(Il vient ouvrir et humer leur propre poêle.)*
185 Et notre poêle a été arrosé d'eau. Tu veux d'autres preuves ?

PIERRE. – Je n'en reviens pas !

BICHRO. – Ça dépasse les bornes !

PIERRE. – Nous ne produisons pas assez ? !!

---

1. *Choir* : tomber.

BICHRO. – Il caquette pour faire des communiqués à l'Académie, comme son copain Binet, pour avoir les palmes[1], voilà ce qu'il y a !

PIERRE. – Nous ne pouvons pas inventer à tire-larigot[2] ! Comme des magiciens sortent des kangourous de leur casquette. Tout le monde se croit au music-hall ce matin !

BICHRO. – Alors le réchauffement du poêle, on va le faire au petit bois ! Ceci provient du secrétariat de Schutz ! *(Il fracasse le fauteuil à coups de pied, arrache la bourre du coussin, remplit le poêle et y verse le contenu d'un flacon pharmaceutique. Il bat le briquet à l'intérieur du poêle. On aperçoit une clarté avant qu'il ne referme le rabat. Pierre vient le rejoindre et tous deux tendent leurs mains à la chaleur.)* Je commence à en avoir plein le béret de ce gros pouf ! Il a intérêt à nous allonger du charbon sinon je vais lui arranger le portrait !

PIERRE. – Pour te faire renvoyer ? Tu serais bien avancé !

BICHRO. – Non seulement il faut se décarcasser devant les élèves, mais en plus nos vraies recherches doivent faire des étincelles ! Lui, pendant ce temps, il se prélasse dans son bureau !

PIERRE. – Entièrement d'accord mais ne t'énerve pas. Il a déjà parlé une fois de se séparer de toi. Ce n'est pas ce que tu cherches...

---

1. Palmes : décoration honorifique destinée à récompenser les services rendus à l'université.
2. À tire-larigot (familier) : sans cesse.

215 BICHRO. – Ah! vivement que les brevets[1] de mes inventions me permettent de lui claquer la porte au nez!

PIERRE. – Ah! oui, à propos, où en est le... le...

BICHRO, *gourmand*. – L'acoustiphone.

PIERRE, *amusé*. – Voilà, oui, «l'acoustiphone Bémont». Où
220 en es-tu?

BICHRO. – Le projet est à l'examen. Nul ne conteste l'ingéniosité du système ni l'amélioration très nette de l'audition qu'il procure, mais le serre-tête en cuivre et le pavillon parabolique[2] semblent faire hésiter quelques industriels
225 timorés[3].

Il sort de l'armoire un appareil bizarroïde et conforme à la description. Il s'en coiffe fièrement.

PIERRE. – Mais tu as bon espoir?

BICHRO. – Oui. Il suffirait d'une pression de ceux qui ont
230 bien besoin de mon appareil! Il faut que je me fasse entendre des sourds!

PIERRE. – Écris-leur...

BICHRO, *haussant les épaules*. – Arrête! Quand je pense que toi, ton électromètre à quartz piézoélectrique[4], c'est de
235 l'or et, à peine terminé, tu vas le mettre dans le domaine public!

---

1. Brevet : titre de propriété industrielle, qui permet de toucher des droits sur la vente d'un produit dont on est l'inventeur.

2. Pavillon parabolique : extrémité évasée d'un appareil.

3. Timorés : exagérément craintifs.

4. Électromètre à quartz piézoélectrique : instrument, inventé par Pierre Curie vers 1890, destiné à mesurer la charge électrique émise par les cristaux. Bichro reproche à Pierre de le mettre dans «le domaine public», c'est-à-dire de permettre à tous de l'utiliser sans lui payer de droits.

PIERRE. – Ah ! ça y est, ça recommence !

BICHRO. – Comme tu as fait pour ta balance apériodique et ton objectif d'optique[1] ! Avec lesquels l'industrie se remplit les poches !

PIERRE. – Grâce à quoi ces appareils sont utilisés au moindre coût par d'autres scientifiques à travers le monde.

BICHRO. – Pour faire les mêmes recherches que toi et peut-être te prendre de vitesse ?

PIERRE. – Tel est le défi de la science !

BICHRO. – Ou la naïveté de certains gogos. Il s'agit d'une compétition internationale acharnée, pas d'un sport de gentlemen. On ne se fait plus de cadeaux !

Il range précautionneusement son appareil.

PIERRE. – En ce cas pourquoi perdre du temps à des inventions triviales[2] au lieu d'ambitionner les plus grandes découvertes ?

BICHRO. – Une invention triviale l'acoustiphone ?

PIERRE. – Bien sûr. Ce n'est pas péjoratif, mais reconnais que c'est un domaine mineur comparé, je ne sais pas moi, à la structure de la matière. Pasteur[3] a dit : « Le scientifique qui se laisse aller à la tentation d'applications pratiques complique sa vie et paralyse en lui tout esprit de découverte. »

---

1. Il s'agit de deux autres inventions de Pierre Curie. La balance apériodique, mise au point en 1889, permet une mesure très précise des masses, ordinaires.

2. *Triviales* : banales, ordinaires.

3. *Louis Pasteur* (1822-1895) : scientifique français dont les recherches ont porté sur la fermentation et les vaccins.

260 BICHRO. – Pasteur n'a jamais manqué d'air! La pasteurisation du lait, le vaccin contre la rage, l'amélioration des levures de bière, ce ne sont pas des applications pratiques?

PIERRE. – En tout cas, l'esprit de lucre[1] est préjudiciable au
265 scientifique.

BICHRO. – Et le surmenage, l'humiliation, le sous-équipement lui sont bénéfiques?

PIERRE. – Je n'ai pas dit cela.

BICHRO. – Nos salaires de misère sont une nécessité?!

270 PIERRE. – La pauvreté ne me dérange pas.

BICHRO. – Jusqu'à ce que tu te maries.

PIERRE. – Je ne me marierai pas.

BICHRO. – Les femmes, maintenant! Tu renonces aux femmes?

275 PIERRE. – J'ai bien réfléchi. Ces êtres charmants ont les meilleures raisons du monde pour nous distraire de notre tâche : la famille, l'instinct du nid, la maternité. Mais il faut s'en garder.

BICHRO. – S'en garder?!

280 PIERRE. – Les femmes n'ont pas place dans ma vie.

BICHRO. – Tu es siphonné[2] ou quoi?

PIERRE. – Je suis cohérent avec moi-même.

BICHRO. – Tu n'es pas attiré par les femmes?

PIERRE. – J'ai fait une croix sur la question. Et tu devrais en
285 faire autant.

---

1. *L'esprit de lucre* : la volonté de gagner de l'argent.
2. *Siphonné* (familier) : fou.

BICHRO. – Moi ? Tu es complètement marteau[1] ?

PIERRE. – Je te le dis pour ton bien. Elles sont néfastes à une carrière scientifique.

BICHRO. – Elles sont ma raison de vivre ! Renoncer aux
290   femmes, ces créatures célestes, séraphiques[2] !? Oh ! là, là ! Tiens, pas plus tard que la semaine dernière, dans une reprise de *La Belle Hélène*[3] d'Offenbach, il y avait au troisième tableau une créature qui figurait je ne sais quelle Muse[4] vêtue tout au plus d'une demi-livre de raisin,
295   tchaah ! Après ça, comment ne pas voir en toute femme une nymphe[5] lascive[6] prête à gémir d'ivresse ? Dans l'omnibus, tu sais, toutes ces gazelles candides je ne sais pas comment je fais pour ne pas me jeter sur elles et arracher leurs vêtements entre Madeleine et Caumartin[7] !

300 PIERRE. – Je ne vais jamais au spectacle et je viens à mon travail à pied. Il faut savoir éviter les tentations.

BICHRO. – Mais c'est mo-na-cal[8] ! Tu vis complètement en dehors de ton époque !

PIERRE. – Pas du tout.

305 BICHRO. – Quels sont tes plaisirs ?

---

1. *Marteau* (familier) : fou.
2. *Séraphiques* : angéliques.
3. *La Belle Hélène* est un opéra-bouffe de Jacques Offenbach, créé à Paris en 1864.
4. *Muse* : dans la mythologie grecque, divinité féminine symbolisant l'inspiration.
5. *Nymphe* : dans la mythologie grecque, déesse liée à la nature.
6. *Lascive* : sensuelle.
7. *Madeleine* et *Caumartin* sont deux arrêts d'une ligne de bus parisienne.
8. *Monacal* : semblable à la vie d'un moine.

PIERRE. – Mes plaisirs ?

BICHRO. – Oui.

PIERRE. – Eh bien, mais fort nombeux. La lecture…

BICHRO. – Qu'est-ce que tu as lu récemment ?

310 PIERRE. – Eh bien… Récemment ?

BICHRO. – Ou vu, ou entendu. Ou fait.

PIERRE. – Il est vrai que récemment…

BICHRO. – Oh ! tu n'es au courant de rien ! Si je te dis Toulouse-Lautrec[1] ?

315 PIERRE. – Une nouvelle ligne de chemin de fer ?

BICHRO. – Qui est… tiens, qui est le président de la République ?

PIERRE. – Oh ! quand même !

BICHRO. – Dis-moi son nom ?

320 PIERRE. – Enfin, voyons ! Carnot !

BICHRO. – Ah ! tout de même !

PIERRE. – Henri Carnot, tout de même…

BICHRO. – Henri ?? Henri Carnot ? Sadi Carnot[2], triple buse[3] !!

325 PIERRE. – Ah ! oui, peut-être bien.

BICHRO. – Avoue-le : il n'y a que la science qui t'intéresse. Tu te fous du reste !

PIERRE. – Eh bien… soit. Tu n'as pas complètement tort.

---

1. Henri de ***Toulouse-Lautrec*** (1864-1901) est un célèbre peintre français.
2. ***Sadi Carnot*** fut président de la République française de 1887 à 1894. Il mourut assassiné.
3. ***Triple buse*** (familier) : imbécile.

BICHRO. – Alors bats-toi ! Qu'on te respecte au moins ! Te
voilà sans considération, sans matériel expérimental.
Moi je me révolte. Je suis moins pur que toi, mais j'essaie
de trouver les moyens de financer moi-même mes recherches, toi, tu vas rester toute ta vie sous la coupe tyrannique[1] de ce gros porc de… *(Entre Schutz. En redingote.*
Impressionnant.) de… de ma Normandie, et bref, mon
vieux, quelle choucroute ! M. le directeur !

Scène 3

SCHUTZ, *sec*. – Bonjour Bémont, bonjour Curie.

PIERRE. – Bonjour M. le directeur.

SCHUTZ. – Alors ces travaux, ça avance ?

BICHRO. – À grands pas !

SCHUTZ. – On peut espérer un communiqué ?

BICHRO. – Je suis sur le point d'aboutir.

SCHUTZ. – Et vous Curie, cet électromètre à quartz ?

PIERRE. – Je suis bloqué M. le directeur.

SCHUTZ. – Bloqué ? Comment ça bloqué ?

PIERRE. – Il fonctionne parfaitement avec tous les métaux
sauf un.

SCHUTZ. – Lequel ?

PIERRE. – L'uranium. Avec l'uranium, mon électromètre
s'affole complètement.

SCHUTZ. – Il s'affole ! Vraiment ?

---

1. *Sous la coupe tyrannique* : sous la domination.

PIERRE. – Il semble mesurer plus de courant qu'il n'en est émis.

SCHUTZ. – Ce qui est impossible.

355 PIERRE. – Bien entendu.

SCHUTZ. – À quoi imputez-vous[1] cela ?

PIERRE. – À un vice de conception de mon appareil.

SCHUTZ. – Lequel ?

PIERRE. – Précisément, je cherche.

360 SCHUTZ. – Eh bien, trouvez. L'État vous paie pour trouver, pas pour chercher.

PIERRE. – L'enseignement m'accapare, M. le directeur. Les étudiants me prennent un temps considérable.

SCHUTZ, *sortant un papier*. – À ce propos, je tiens à vous signa-
365 ler que l'étudiant Patenôtre dont vous persistez à relever la «bonne participation aux cours et aux expériences» a quitté l'école depuis trois mois, rappelé en province.

PIERRE. – Non, vraiment ? Je dois confondre en ce cas.

SCHUTZ. – Je le crois également. Quant à votre appareil, soit
370 vous résolvez le problème et vous faites un communiqué, soit vous séchez et vous soumettez le problème à l'Académie. Assez piétiné.

PIERRE. – Je n'ai nul besoin d'aide M. le directeur. Je vais trouver.

375 SCHUTZ. – Très bien ! Ensuite on passera à autre chose. Et vous, Bémont, je peux voir vos notes expérimentales de spectroscopie[2] ?

---

1. *Imputez-vous* : attribuez-vous.
2. *Spectroscopie* : domaine de recherche qui concerne l'étude du spectre d'un phénomène physique.

BICHRO. – M… Mes notes? Elles ne… vous apprendraient rien M. le directeur. En revanche, je me permets de vous rappeler que j'ai le plus grand besoin d'un interféromètre[1] plus perfectionné.

SCHUTZ. – Du matériel! Toujours du matériel! Vous n'entonnerez donc jamais que cette rengaine[2]!

BICHRO. – On ne peut pas envisager de grandes découvertes sans matériel approprié!

SCHUTZ. – Ah! vraiment? Et Archimède? Et Copernic? Et Galilée? Et Newton[3]?! Une simple pomme et paf : la gravitation universelle[4]! Deux siècles après on en parle encore. Ça, des pommes ou des poires, si vous en voulez, je vous fais livrer un cageot!

BICHRO. – Non… Mais… du charbon ce ne serait pas de refus. Avez-vous remarqué la température qu'il fait dans ce laboratoire?

SCHUTZ. – Oui, il fait une température… tonique!

BICHRO. – Le froid fausse les appareils.

SCHUTZ. – Mais tonifie le cerveau!

---

1. *Interféromètre* : appareil de mesure qui sert, en spectroscopie, à déterminer le spectre lumineux d'une source de lumière.

2. *Rengaine* : refrain lassant.

3. *Archimède* (vers 287-212 av. J.-C.) est l'un des plus grands scientifiques grecs de l'Antiquité; Nicolas ***Copernic*** (1473-1543) est un astronome célèbre pour sa théorie qui fait du Soleil, et non de la Terre, le centre de l'univers; ***Galilée*** (1564-1642) est un physicien et astronome italien condamné pour s'être opposé, par ses découvertes scientifiques, aux dogmes de l'Église; Isaac ***Newton*** (1642-1727) est un scientifique anglais qui posa les bases de la mécanique classique.

4. Clin d'œil à la légende qui veut que Newton ait découvert la loi de la gravitation en recevant une pomme sur la tête.

PIERRE. – Monsieur le directeur, je crains que ce ne soit une contre-vérité physiologique. Au-dessous d'une certaine température, le froid engourdit.

400 SCHUTZ. – Voyez comme c'est bizarre! Moi vous commencez à m'échauffer!

BICHRO. – Je ne voudrais pas colporter des ragots mais il paraîtrait que vous nous coupez le charbon?

SCHUTZ. – Absolument! je vous coupe le charbon. Parce que
405 vous sabotez mes efforts pour promouvoir cette École aux yeux de l'Académie!

PIERRE. – Je… Quoi? Je sabote?

SCHUTZ. – Oui, vous Curie, vous vous obstinez à bricoler des inventions stériles[1], peut-être ingénieuses, mais dont tout
410 le monde se fout en dehors des rats de laboratoire, quant à vous Bémont, vous me prenez pour un imbécile?

BICHRO. – Pardon?

SCHUTZ. – Vous mettez à profit vos heures de laboratoire à des fins personnelles et clandestines!

415 BICHRO. – Qui vous a conté ces sornettes[2]?

SCHUTZ. – Qui? Mais, triste sire, il n'est pas de semaine sans qu'un industriel m'écrive pour me demander si le démonstrateur sautillant de je ne sais quel rigolophone à plumet acoustique est bien chargé d'enseigner la physi-
420 que et la chimie à notre jeune élite républicaine!!

BICHRO. – Et que répondez-vous?

SCHUTZ. – Que c'est un canular[3]!

---

1. Stériles : sans applications.
2. Sornettes (familier) : mensonges.
3. Canular : blague.

BICHRO. – Un canular ?

SCHUTZ. – Que vous grugiez[1] l'École est déjà scandaleux
425   mais en plus la discréditer !

BICHRO. – Permettez, je voudrais faire une mise au point…

SCHUTZ. – Rien du tout ! Je ne suis pas venu discuter avec
vous. Je suis venu vous dire deux choses. *Primo* : vous
avez un mois et un seau de charbon pour me remettre
430   chacun un communiqué destiné à l'Académie faisant état
de vos travaux. *Secundo* : je vous amène du renfort.

BICHRO. – Du renfort ?

SCHUTZ. – Parfaitement. Puisque vous ne suffisez pas à
la tâche ! On m'adresse ce matin une jeune étudiante
435   polonaise du nom de… *(Il lit un papier.)* Skło… dow… ska
qui apparemment ne parle pas un mot de français – ce
qui la rend inapte à l'enseignement – mais qui est bardée
de diplômes, infatigable paraît-il et sans états d'âme
pour les travaux de laboratoire. J'attends beaucoup de
440   cette jeune personne. Il est quand même invraisemblable
de devoir importer des étrangers pour faire en France le
travail que les Français ne veulent plus faire !

BICHRO. – Trois ? Nous allons être trois ici ?

SCHUTZ. – Oui, et dans un instant. Le temps de m'assurer
445   qu'étant donné son sexe vous n'allez pas vous livrer sur
elle aux bizutages[2] traditionnels dans l'université. Sinon
gare !

PIERRE. – Oh ! c'est bien notre genre !

---

1. *Grugiez* (familier) : trompiez.
2. *Bizutages* : vexations imposées aux nouveaux étudiants.

SCHUTZ. – Vous j'en sais rien. *(Regard appuyé vers Bichro.)* **Mais**
450   lui… regardez-le ! Je ne veux pas prendre de risque.

PIERRE. – Vous en prenez un autre. Trois sur les mêmes
appareils, nous risquons d'être encore moins productifs.

SCHUTZ. – Peut-être. Alors il y aura lieu d'aviser qui est de
trop. En attendant, au charbon[1] !

455   *Il sort.*

BICHRO. – Et voilà ! Une fois de plus ! Humiliés, rabaissés,
brimés !

PIERRE. – Je t'avoue que j'ai bien failli sortir de mes gonds[2].

BICHRO. – Et c'est toujours moi qui prends ! Il a fallu que ce
460   soit moi qui parle du charbon. Toi, pas un mot !

PIERRE. – Parce que tu la fous mal, aussi, avec tes compro-
missions industrielles. C'est ça qui l'a ulcéré[3]. Tu n'es
pas obligé de mêler l'École à tes tractations !

BICHRO. – Et comment assurer mon crédit sinon en indiquant
465   mes titres ?

PIERRE. – Tout ce qu'on a gagné, c'est d'être un peu plus
serrés ! Avec une femme de surcroît !

BICHRO. – Elle est peut-être mignonne ?

PIERRE. – Ça suffit ! *(On frappe à la porte. Pierre désigne une*
470   *chaise à Bichro.)* Assieds-toi. Assieds-toi ! *(Bichro obtem-*
père.) Entrez !

---

1. *Au charbon* (familier) : au travail.
2. *Sortir de mes gonds* (familier) : me mettre en colère.
3. *Ulcéré* : mis en colère.

Scène 4

Entre Marie Skłodowska, portant un seau de charbon. Non, elle n'est pas accorte[1]. Robe noire, chapeau noir, manteau noir, chignon serré, lunettes, c'est même l'image absolue de l'austérité[2]. Un temps. Bichro est atterré. Pierre réagit le premier. Il va jusqu'à elle, se saisit du seau, le passe à Bichro et se met à lui parler de façon très volubile[3], tandis que Bichro va remplir le poêle.

PIERRE. – Entrez, vous êtes mademoiselle... ?

MARIE. – Skłodowska.

PIERRE, *volubile*. – Mlle Skłodowska, quand le professeur
475   Schutz nous a appris à l'instant votre venue, je ne vous cache pas que notre premier mouvement a été hostile, il vous l'a peut-être dit. Mais, à la réflexion, la solidarité scientifique nous oblige à faire contre mauvaise fortune bon cœur. Alors, même si ces installations sont modes-
480   tes, même si votre venue ici pose des difficultés, soyez la bienvenue dans ce laboratoire ! Mon nom est Pierre Curie et ce monsieur est Gustave Bémont.

MARIE. – Pouvoirr... parrler... plus... lent ?

PIERRE. – *Do you speak english ?*

485 MARIE. – Je... pas... non.

PIERRE. – *Sprechen Sie Deutsch ?*

MARIE. – *Jawohl !*

PIERRE. – Oui, mais moi pas. *(À Bichro :)* Et toi ?

BICHRO. – Non plus.

---

1. Accorte : gracieuse.
2. Austérité : sévérité.
3. Volubile : qui parle beaucoup et vite.

490 *Marie feuillette un petit manuel franco-polonais de conversation*
courante.

MARIE, *avec application.* – Je suis bien aise de fairre votrre
connaissssance.

PIERRE. – Nous de même mademoiselle.

495 MARIE, *le nez dans son manuel mais désignant la table.* – À quelle
heure parrt le prrochain funiculaire[1]? *(Devant l'air ahuri*
des deux, elle corrige et change de phrase et de ligne.) Parrdon.
Est-il permis de camper ici?

PIERRE. – Mais certainement.

500 *Il dégage un coin de table en empiétant nettement plus sur la zone*
de Bichro que sur la sienne. Lequel, voyant cela, rétablit un partage
de la table nettement à son avantage. Pierre refait un partage, cette
fois équitable. Bichro y change un petit quelque chose. Pendant
ce temps, Marie a feuilleté très vite son manuel et constitué une
505 *nouvelle phrase.*

MARIE, *désignant le portemanteau.* – Possibilité étudiant
Skłodowska amarrer ma manteau surr votrre bitte?

Bichro s'esclaffe. Pierre a du mal à garder son sérieux.

PIERRE. – Oui, mais on dit portemanteau.

510 MARIE, *montrant son lexique.* – Portemanteau, crrochet, bitte!

PIERRE. – Je sais, c'est français, mais on dit surtout portemanteau.

MARIE. – Portemanteau. Merci. Étudiant Skłodowska se
souviendre.

---

1. *Funiculaire* : tramway.

■ Arrivée de la jeune scientifique polonaise Marie Skłodowska (Minou Fratellini) dans le laboratoire que Pierre Curie (Jean-Paul Bordes) partage avec Gustave Bémont (Patrick Zard), un collègue à l'École de physique et de chimie. Mise en scène de Gérard Caillaud au Théâtre de la Michodière, en 1993.

515 *Bichro se saisit d'un traité de physique cristalline[1] et vient faire*
   semblant de montrer une des pages à Pierre.

BICHRO, *le doigt pointé sur l'ouvrage ouvert.* – Elle n'a rien de
   Loïe Fuller[2], mais j'ai l'impression qu'on va peut-être se
   fendre la pipe[3]. En tout cas, elle ne parle pas une broque[4]
520   de français. Non mais regarde-moi comment elle est
   fagotée[5]. On dirait une veuve bretonne partant pour la
   pêche aux moules.

PIERRE. – Oui mais ces éléments sont des isotopes. Le béryllium, le fluor, l'aluminium[6].

525 *Marie a déballé ses affaires, taillé son crayon et retiré son manteau.*

MARIE. – Étudiant Skłodowska pouvoirr utiliser potentiomè-
   trre[7] pourr trravaux assignés parr prrofesseurr Schutz ?

PIERRE. – Mais certainement.

BICHRO, *inquiet.* – Euh, longtemps ? J'en ai besoin moi du
530   potentiomètre ! Faites voir votre feuille de recherches ?

MARIE. – Pouvoirr parrler plus lent ?

BICHRO ; *il lui arrache la feuille.* – ANALYSE SPECTRALE ET ÉTUDE
   DE LA STRUCTURE ATOMIQUE DES MÉTAUX NON FERREUX !
   Mais… mais Schutz lui a donné comme à moi ! Il me fait
535   doubler !

---

1. ***Traité de physique cristalline*** : ouvrage scientifique portant sur les
cristaux.
2. ***Loïe Fuller*** (1862-1928) : danseuse américaine qui fit carrière à Paris.
3. ***Se fendre la pipe*** (familier) : s'amuser.
4. ***Pas une broque*** (familier) : pas du tout.
5. ***Fagotée*** (familier) : mal habillée.
6. En utilisant des termes techniques, Pierre Curie veut faire croire que
ce que vient de lui dire son collègue concerne l'ouvrage scientifique qu'il
tient à la main.
7. ***Potentiomètre*** : instrument qui sert à effectuer un réglage.

Bichro montre la feuille de Marie à Pierre.

PIERRE. – Voyons… *(Il lit.)* Ah! oui, indubitablement.

BICHRO. – Là, mon vieux, ça passe les bornes! J'en ai plus rien à fiche. S'il veut s'asseoir sur les acquis de mes recherches, ça le regarde, mais là, pour le coup, je vais le trouver. C'est elle ou c'est moi!

PIERRE. – Non, attends, je vais intercéder. Dire à Schutz de lui attribuer un autre champ de recherches.

BICHRO. – Trop tard. De toute façon on va se bouffer le nez[1] et s'arracher les appareils. Trop c'est trop. C'est elle ou moi.

Il se dirige à grands pas vers la porte mais Marie, vive comme l'éclair, se campe en travers de la porte, menaçant de déchirer son chemisier.

MARIE, *sans trace d'accent et très vite.* – Ah! écoute-moi bien, espèce de jobard[2], j'ai trimé[3] dix ans en Pologne à faire bonne d'enfants pour payer mes études, j'ai intrigué comme une bête pour les continuer en France, j'ai fait des pieds et des mains pour avoir ce poste, alors je ne vais pas prendre le risque à peine assise de laisser un roquet[4] psychopathe semer la merde avec le dirlo[5]! *(Intense surprise de Pierre et Bichro.)* Si vous faites l'un ou l'autre un pas vers la porte, je déchire ma robe, je me griffe et je crie au viol. Je ne plaisante pas. Je pleure à

---

1. *Se bouffer le nez* (familier) : être en rivalité.
2. *Jobard* : naïf, idiot.
3. *Trimé* : travaillé dur.
4. *Roquet* : petit chien qui aime aboyer. Au sens figuré, homme agressif.
5. *Dirlo* (familier) : directeur.

560 volonté. Je vous accuserai tous les deux. On me croira. J'ai déjà fait le coup en Pologne avec un officier russe. Il est à présent en Sibérie. Il pose des rails. Sans moufles.

Bichro amorce un geste. Elle commence à déchirer son col. Il s'arrête net.

565 BICHRO, *à Pierre.* – Elle me tient. J'ai déjà eu affaire à la police… Une rixe[1] dans un placard avec un mari.

PIERRE. – Mais nous n'allons pas céder à ce chantage.

MARIE. – Mais moi, tout ce que je demande, c'est de rester ! Et d'arranger tout le monde. Schutz me donne les mêmes
570 recherches que vous ? Si vous voulez, je ne trouve rien. Si vous voulez, je vous aide et c'est vous qui signez. Ou je fais le travail fastidieux. Et le ménage. Tout, à condition d'être acceptée.

BICHRO, *avançant.* – Mais d'abord…

575 MARIE, *criant.* – AU VIOL !!!

Bichro fait illico machine arrière. Un temps puis :

BICHRO. – Mais d'abord pourquoi faisiez-vous semblant de ne pas parler français ?

MARIE. – Pour préserver votre intimité. Que vous puissiez
580 parler librement. Ce que vous avez fait. Merci pour la veuve bretonne et la pêche aux moules.

BICHRO. – Oui, et bitte, c'était distingué !

MARIE. – C'était efficace. Vous vous apprêtiez à collectionner mes bourdes[2]. Ça me donnait du folklore.

585 PIERRE. – Quelle duplicité !

---

1. *Rixe* : bagarre.
2. *Bourdes* : erreurs

MARIE. – Il n'y a que le résultat qui compte. JE VEUX RESTER !
Borgia disait…

La porte s'ouvre. C'est Schutz.

SCHUTZ. – C'est ici qu'on crie au vol ? *(Instant de flottement.)*
590   Eh bien Bémont, c'est ici ou non ?

BICHRO. – Je… je n'ai rien entendu M. le directeur…

SCHUTZ. – Tout se passe bien ?

BICHRO. – À… À merveille.

SCHUTZ, *à Marie.* – Vous aussi, ça va comme vous voulez ?

595   MARIE, *(sourire timide).* – Pouvoirr parrler plus lent ?

SCHUTZ. – Bon, ça doit encore être ces couillons d'étudiants…

*Il ressort comme il est venu. Un instant de silence, puis Bichro
commence à rire doucement.*

600   BICHRO. – Hé hé hé ! bon, on peut dire que vous m'avez eu.
Ça m'a coupé la chique[1]. Hi hi ! À tout prendre, je vous
préfère comme ça. Le déguisement aussi, ça fait partie de
l'arnaque ?

MARIE. – Évidemment, qu'est-ce que vous croyez ? La biche
605   se camoufle. Je ne vais pas allumer le carabin[2] avec des
fanfreluches[3] ! Pour traverser l'océan d'obscénité qu'est
la science masculine, vous pouvez considérer cette tenue
comme… un scaphandre[4].

PIERRE. – Les bras m'en tombent !

---

1. *Ça m'a coupé la chique* (familier) : ça m'a laissé sans voix.
2. *Carabin* (familier) : étudiant en médecine.
3. *Fanfreluches* : accessoires destinés à embellir la toilette d'une femme.
4. *Scaphandre* : combinaison permettant d'évoluer dans un milieu hostile.

610 BICHRO. – Tu ne peux pas lui reprocher d'être réaliste !

PIERRE. – Archicynique[1] tu veux dire !

MARIE. – Je peux vous être utile à quelque chose ?

BICHRO. – C'est-à-dire… Oui, ça tombe bien. Voyez-vous ces calculs ? Il faudrait les vérifier. Je dois rédiger un
615 brevet[2].

MARIE. – Volontiers. Un brevet de quoi si ce n'est pas indiscret ?

BICHRO. – Il… Ce n'est pas pour l'École…

MARIE. – Aucune importance.

620 BICHRO. – Il s'agit du brevet d'un appareil acoustique pour les sourds. On me demande de développer mon projet.

MARIE. – Fascinant ! Grande idée !

BICHRO, *à Pierre*. – Ah ! tu vois !

MARIE. – Système à amplification de résonance ?

625 BICHRO. – Euh… exactement.

MARIE. – Destiné à être produit industriellement ?

BICHRO. – Je… oui.

MARIE. – Vous pouvez vous faire dans les combien ?

BICHRO. – Ça peut chiffrer assez.

630 MARIE. – Comment fait-on pour déposer un brevet ?

BICHRO. – Ça vous intéresse ?

MARIE. – Pour savoir…

BICHRO. – Vous avez un projet ?

---

1. *Archicynique* : très cynique. Être cynique consiste à accepter la réalité telle qu'elle est sans émettre de jugement moral. Ce terme est péjoratif.
2. *Brevet* : voir note 1, p. 43.

MARIE. – Non, rien de précis. On peut breveter[1] quoi ?

635 BICHRO. – Tout. Un appareil, un système, un ouvre-boîte. Même la formule d'un parfum. C'est ce qui a fait la fortune de Louis Piver, l'inventeur du parfum synthétique.

Un temps.

640 MARIE. – La formule d'un alcool qui ne donnerait pas la gueule de bois, ça se brevette ?

BICHRO. – Qui quoi ? Ce serait la fortune !

MARIE. – Elle existe. C'est mon arrière-grand-père qui l'a trouvée. De la vodka où on fait macérer sept herbes diffé-
645 rentes en certaines quantités. Impossible d'être malade après.

BICHRO. – Vous plaisantez ?

MARIE. – Je suis très sérieuse. Je peux vous en faire si vous ne me croyez pas !

650 BICHRO. – Mais absolument !

PIERRE. – Et allez donc ! le commerce ! l'épicerie ! Où vous croyez-vous ??!

Une sonnerie générale se fait entendre.

BICHRO. – Il faut que nous allions donner nos cours. Mais ça
655 m'intéresse beaucoup. On en reparle tout à l'heure.

MARIE. – Je suis acceptée ?

BICHRO. – Et comment !

PIERRE. – Ça, ça reste à voir !

Ils sortent. Marie reste seule. Elle s'approche du quartz de Pierre.
660 *Le regarde avec intérêt. Puis prend un balai et balaye. Noir.*

––––––––––––––––––––––

1. Breveter : faire établir un brevet à son nom.

Scène 5

Deux heures se sont écoulées à la pendule. Il ne neige plus. Il fait plus clair. Marie est assise à la table et finit de corriger les copies oubliées par Pierre. Celui-ci fait son entrée. Assez guindé[1]. Il évite le regard de Marie et va au poêle se frotter les mains. Puis il retire son manteau. Dessous, la blouse blanche est à présent correctement mise.

MARIE. – Votre cours s'est bien passé professeur Curie ?

PIERRE, *froid, impersonnel.* – Fort bien, je vous en remercie Mlle Skłodowska.

Un temps. Pierre vient à sa table.

665 MARIE. – Professeur Curie, je me suis permis de corriger vos copies. Au crayon.

Pierre vient feuilleter les copies. Un temps puis :

PIERRE. – C'est du très bon travail.

MARIE. – Merci.

670 PIERRE. – Cependant je vais vous demander de tout gommer.

MARIE. – Mais pourquoi ?

PIERRE. – Ce n'est pas honnête. Mes étudiants sont en droit d'avoir mon seul jugement sur leur travail. Je m'y suis engagé.

675 MARIE. – Mais quelle perte de temps !

---

1. Guindé : peu naturel, raide.

PIERRE. – L'intégrité[1] n'est jamais une perte de temps. Pas plus que la franchise. Deux qualités cardinales[2] pour le scientifique et dont vous me semblez bien dépourvue.

MARIE. – Je suis désolée d'en être arrivée là tout à l'heure. Je dois vous dire que j'admire beaucoup vos travaux. Ils sont célèbres en Pologne.

PIERRE. – Et puis quoi encore ?

MARIE. – Mais c'est la vérité. Mon professeur, Mme Paczula, ne parle que de votre piézoélectricité[3].

PIERRE. – Tout à l'heure aussi c'était la vérité. Et encore avant. Trois vérités différentes en une seule matinée, ça fait un peu fouillis.

MARIE, *montrant l'électromètre de Pierre*. – Très bien. Ceci est un électromètre à quartz piézoélectrique[4]. Cet appareil sert apparemment à mesurer les courants électriques de très faible intensité passant dans différents métaux, et par conséquent à donner une indication sur la conductivité de ces métaux. Est-ce que je continue ? *(Pierre la regarde sans répondre, enfermé dans le mutisme.)* Très bien, si vous ne voulez pas me répondre, je ne peux pas vous forcer. Je vais en ce cas tenter de me rendre utile et laver ces carreaux qui en ont bien besoin.

Elle prend un flacon d'ammoniaque, un chiffon, monte sur une chaise et entreprend de nettoyer les vitres de la verrière. Ce faisant, elle tourne le dos à Pierre et commence à onduler involontairement de la croupe.

---

1. *Intégrité* : honnêteté.
2. *Cardinales* : principales, indispensables.
3. *Piézoélectricité* : production d'électricité par certains cristaux quand ils sont soumis à des tensions mécaniques. La découverte de ce phénomène par Pierre Curie constitua une avancée scientifique importante.
4. *Électromètre à quartz piézoélectrique* : voir note 4, p. 43.

Pierre affecte de se plonger dans ses travaux expérimentaux mais ne peut se concentrer. Le spectacle de Marie le fascine malgré lui.

PIERRE, *n'y tenant plus*. – Ahum… Mlle Skłodowska, je dois convenir que votre problématique est différente de la mienne. *(Marie continue à frotter imperturbablement les vitres.)* Vous êtes une femme, je suis un homme. Vous venez d'un pays occupé[1], je vis dans un pays libre… Il est possible que vous n'ayez pu faire autrement… que d'être ce que vous êtes.

MARIE, *de dos, assez sèchement*. – Si vous voulez dire par là que l'être humain est le produit de la société qui l'engendre[2] et non pas le contraire, c'est ce qu'on appelle une évidence, ou un truisme[3].

PIERRE. – C'est aussi ce qu'on appelle une idée positiviste[4].

MARIE, *toujours de dos*. – Je suis positiviste.

PIERRE. – Comment ?

MARIE. – Je dis je suis positiviste. Vous pouvez ne pas apprécier mais c'est comme ça.

PIERRE. – Mais sapristi moi aussi ! Si je m'attendais ! Vous êtes positiviste ?

MARIE, *se retournant*. – Positivement.

PIERRE. – Mais non, vous mentez, ce sont encore des craques[5] !

---

1. La Pologne, dont est originaire Marie, est occupée par la Russie.
2. *Qui l'engendre* : dans laquelle il naît.
3. *Truisme* : évidence qu'il est inutile d'énoncer.
4. *Positiviste* : qui relève du «positivisme», c'est-à-dire d'une pensée ne s'appuyant que sur des faits scientifiquement établis.
5. *Craques* (familier) : mensonges.

Marie descend de son perchoir, vient prendre une photo dans son
725 *sac et la tend à Pierre.*

MARIE. – Cette photo a été prise au dernier bal costumé
de l'Association positiviste franco-polonaise. Voyez la
banderole. Et là, regardez, à gauche, c'est moi.

PIERRE. – Saucissonnée dans la couverture ?

730 MARIE. – Cette couverture est le drapeau polonais. Je repré-
sente la Pologne brisant ses liens.

PIERRE, *rendant la photo.* – Soit. Mais dites-moi un peu : quel
but poursuivez-vous à travers la science ?

MARIE. – Activer le progrès, contribuer à libérer l'humanité
735 de ses chaînes et de ses préjugés.

PIERRE. – Mais encore ?

MARIE. – Accélérer l'abolition des travaux pénibles, l'avène-
ment de l'industrie et des techniques, le développement
des moyens de communication, l'essor de la médecine,
740 la rationalisation de l'agriculture, la généralisation de
l'enseignement à toutes les couches de la société, le recul
des superstitions, que sais-je encore ?

PIERRE. – Eh bien, moi je vois une chose : contrairement aux
âneries que j'ai pu proférer, votre destin, c'est la science.
745 Bienvenue à bord. Et faites-moi un plaisir : ne mentez
plus. Ici, en terre libre, ce n'est plus nécessaire.

MARIE. – Ma présence ici ne tient qu'à un fil. Si les apprécia-
tions transmises à mon ambassade cessent d'être favora-
bles, je suis rapatriée séance tenante et exclue des voies
750 scientifiques.

PIERRE. – Il n'y a aucun moyen de couper ce fil à la patte ?

MARIE. – Aucun. Sinon le mariage blanc[1]. Mais c'est hors de question. Ma cousine l'a fait. Son mari d'occasion s'est entiché[2] d'elle. Il l'a violée dans le fiacre[3] qui les ramenait de la mairie : elle n'a même pas pu porter plainte ! Et il paraît maintenant qu'il a des dettes. Non, le mariage blanc c'est la roulette russe[4].

PIERRE. – En effet.

MARIE. – Mais revenons à la science. Accepterez-vous de me montrer le fonctionnement de votre électromètre en détail ?

PIERRE. – Tout de suite si vous désirez. *(Il se dirige vers le quartz.)* Voyez-vous, quand on allume ici, le courant passe dans cette ampoule témoin. *(Rien ne se produit.)* Ah ! j'ai oublié de brancher ! *(Allant vers la prise.)* Il faut vous dire que je suis non seulement maladroit mais de surcroît terriblement… *(Il branche et prend une décharge.)* Arrgh ! arrgh !…

Il s'effondre.

MARIE, *très inquiète, à Pierre, à terre.* – Professeur Curie !

PIERRE. – É… Étourdi !

Noir.

---

1. *Mariage blanc* : mariage fictif qui permet à l'un des deux époux d'obtenir la nationalité du pays dans lequel il veut s'établir.
2. *S'est entiché* (familier) : est tombé amoureux.
3. *Fiacre* : voiture à cheval.
4. *Roulette russe* : jeu de hasard consistant à mettre une seule balle dans le barillet d'un revolver, avant de tirer. La métaphore signifie que Marie considère le mariage blanc comme trop dangereux.

Scène 6

Même éclairage que la scène 1, mais dehors il fait un léger soleil d'hiver. La pendule indique 8 heures moins 5. Bichro, vêtements différents, fait son entrée, tout guilleret, portant un paquet volumineux qu'il va cacher dans un coin. Il remet un peu de charbon dans le poêle. Il semble faire bon. Il vient regarder de près une bonbonne remplie d'un liquide incolore. Il s'accroupit pour voir de près. L'arrivée de Marie le fait sursauter et se redresser. Elle-même porte un cabas apparemment assez lourd.

BICHRO, *joyeusement.* – Bonjour Marie !

MARIE. – Bonjour Gustave.

775 BICHRO. – Alors ces travaux, ça avance ?

MARIE. – Pas très bien. Je piétine un peu.

BICHRO, *montrant la bonbonne.* – Mais alors, dites donc, votre vodka, fabuleux ! Hier j'ai tout bu. Ivre mort. J'ai fait la fermeture du Moulin-Rouge[1]. Un concours de claquettes
780 avec la Goulue[2]. Et ce matin, frais comme un gardon !

MARIE. – Je vous l'avais dit.

BICHRO. – J'ai préparé un contrat. 50/50. Signez là si vous êtes d'accord. *(Il a sorti un papier. Marie lit et signe.)* Maintenant il faut me révéler la recette, les herbes, les propor-
785 tions, tout.

MARIE. – Vous avez ce que je vous ai demandé ?

Bichro va chercher le paquet avec lequel il est entré.

---

1. *Moulin-Rouge* : célèbre cabaret parisien.
2. *La Goulue* (1866-1929) : danseuse réputée de french cancan.

BICHRO. – Oui, mais ça n'a pas été facile. *(Il le pose avec effort sur la table et défait l'emballage.)* Un buste de Pasteur[1], en soi, c'était simple à trouver. *(De fait, c'est un buste de Pasteur en plâtre.)* Mais dont la tête se dévisse… *(Effectivement, elle se dévisse.)* Il fallait dénicher l'artisan. Me direz-vous enfin à quel usage…

MARIE. – C'est personnel. Voici la formule de la vodka.

Elle lui tend à son tour une feuille.

BICHRO. – Mais tout ça se trouve dans le commerce !

MARIE. – Bien sûr…

BICHRO. – Formidable. J'ai de grands récipients dans ma cave. J'achète tout cet après-midi, je mets à macérer ce soir et dans trois jours, hop, en bouteille. À propos, j'ai trouvé le nom : SCHUTZKAÏA. Qu'est-ce que vous en pensez ?

MARIE. – C'est plus russe que polonais mais pourquoi pas…

BICHRO. – Sinon, à part ça, vous avez développé les photos ?

MARIE. – Oui. Les plaques[2] sont là avec les épreuves. Soyez gentil, posez-moi Pasteur près du matériel de travail.

Bichro s'acquitte de la tâche.

BICHRO. – Les photos sont aussi olé olé[3] que ce que mon oncle m'a laissé entendre ?

MARIE. – C'est le moins qu'on puisse dire.

BICHRO. – C'est un vieil original très riche qui n'est plus aussi… vert[4] que dans le temps et alors le malheureux,

---

1. Pasteur : voir note 3, p. 44.

2. Plaques : supports rigides couverts d'une émulsion sensible, utilisés avant l'apparition de la pellicule. Les *épreuves* sont les images qui permettront de développer les photographies.

3. Olé olé : osées.

4. Vert : vif.

il photographie des tableaux vivants[1], chez lui. Ça doit l'émoustiller.

MARIE. – En tout cas, il paye bien.

815 BICHRO. – Ça l'arrange que ça ne soit pas développé dans le commerce… *(Il regarde les épreuves et fait un bond en l'air.)* MAIS… C'EST CARRÉMENT P… P… PORNOGRAPHIQUE !!

MARIE. – Oui, et vous verrez, j'ai dû rectifier un peu les contrastes.

820 BICHRO. – Vous n'êtes pas choquée ?

MARIE. – L'œil du scientifique ne s'étonne de rien.

BICHRO. – Parce que j'ai une nouvelle série…

MARIE. – Même tarif ?

BICHRO. – Même tarif.

825 MARIE. – Donnez.

Bichro lui tend de nouvelles plaques. Sonnerie générale.

BICHRO. – Il faut que je file. Je vous laisse tout ça jusqu'à dix heures. Bon courage !

Il sort. Marie extrait du lourd cabas qu'elle a apporté une sorte de
830 *fait-tout qu'elle vient poser avec effort sur le réchaud à gaz du labo. Elle allume, regarde dedans et referme. Elle sort également de son cabas un paquet de poudre qu'elle commence à mélanger dans un creuset à une autre poudre. Pierre fait son entrée, tout sourire.*

PIERRE. – Bonjour Marie !

835 MARIE, *sursautant*. – Bonjour Pierre.

PIERRE. – Alors, où en sont nos travaux par cette belle journée ?

---

1. *Tableaux vivants* : ensemble de modèles prenant la pose.

MARIE. – J'ai terminé de vérifier toutes vos mesures. Tout est juste. Et pourtant, avec l'uranium, votre appareil indique
840 des quantités d'électricité complètement fantasques.

PIERRE. – Sapristi, c'est inexplicable. Faites voir vos notes ?

Elle les lui montre. Ils se penchent ensemble dessus. « Machinalement », Pierre passe son bras sur l'épaule de Marie. Laquelle s'écarte vivement.

845 MARIE. – Professeur Curie, ce n'est pas parce que vous avez eu la délicatesse de m'épouser qu'il faut vous laisser aller à des familiarités !

PIERRE. – Oui, hum, pardon… Il va falloir repenser complètement l'appareil. Avec d'autres matériaux. Tiens, qu'est-
850 ce que ça sent ?

Il s'approche du fait-tout et soulève le couvercle.

MARIE. – Goulasch. Il y a une fête polonaise chez ma sœur demain et je suis chargée d'apporter le plat national. Ça doit mitonner quarante-huit heures.

855 PIERRE. – À propos : *dichaye vietchoren papuga tsigfrid outchiangjé dva rasé na opéjé bèze pouasénia.*

MARIE, *ravie.* – *Tsou dovnié !* Où avez-vous appris ça ?

PIERRE, *sortant le manuel de conversation courante.* – Je me suis mis au polonais.

860 MARIE. – Vous avez composé cette phrase tout seul ?

PIERRE. – Oui. C'est correct ?

MARIE. – Tout à fait.

PIERRE. – Et pour la prononciation ?

MARIE. – Presque parfait. *Dichaye vietchoren papuga tsigfrid*
865 *outchiangjé dva rasé na opéjé bèze pouasénia.* Ce soir, le

perroquet Siegfried s'assoit deux fois sur l'Opéra sans payer.

PIERRE. – Mais ce n'est pas du tout ce que je voulais dire !

MARIE. – C'était quoi ?

870 PIERRE. – Ce soir, pour la répétition de *Siegfried*, j'ai deux places gratuites à l'Opéra !

MARIE. – Oui, effectivement, c'est autre chose.

PIERRE. – Mais vous accepteriez de m'accompagner ?

MARIE. – Oh ! merci, mais sincèrement, Wagner me casse
875 les oreilles. Je suis sûre que vous trouverez quelqu'un d'autre à qui ça fera beaucoup plus plaisir.

PIERRE. – Mais c'est à vous que je veux faire plaisir ! *(Il tente de l'attirer à lui. Elle lui botte le tibia. Il danse de douleur dans tout le labo. Pierre, se reprenant.)* Excusez-moi, je ne sais pas
880 ce qui m'a pris. *(Il avise la bonbonne de vodka.)* Il faudra que je dise à Gustave de faire disparaître cette décoction. *(Il examine machinalement les épreuves photos qui traînent. Lui aussi fait un bond.)* Oh ! je ne sais pas quel étudiant vicieux a osé déposer ces immondices dans ce laboratoire mais
885 j'espère que vous n'êtes pas tombée dessus !

MARIE. – C'est Gustave qui me les donne à développer pour que je me fasse un peu d'argent de poche.

PIERRE. – Mais je rêve !… et ça ? Et ça !

Il désigne le buste de Pasteur[1] séparé de sa tête et le mélange de
890 *poudre dans le creuset.*

MARIE. – Vous jurez de n'en parler à personne ?

PIERRE. – Je ne jure rien. Dites-moi ce que c'est !

---

1. *Pasteur* : voir note 3, p. 44.

MARIE. – Pas si vous ne jurez pas.

PIERRE. – Bon, je le jure, maintenant j'écoute.

895 MARIE, *montrant le buste*. – C'est pour faire parvenir quelque chose clandestinement à la résistance polonaise[1]. Par un Italien nommé Caserio[2].

PIERRE. – Quoi donc?

MARIE, *montrant la poudre*. – Cette dynamite de ma fabrica-
900 tion.

PIERRE. – MAIS… VOUS ÊTES COMPLÈTEMENT FOLLE?? SI ÇA VENAIT À ÊTRE DÉCOUVERT??!!

Entre Schutz, accompagné d'un personnage chenu[3] et barbu, avec guêtres[4], canne à pommeau d'argent et Légion d'honneur[5].

Scène 7

905 SCHUTZ, *mielleux*. – Mon cher Curie, figurez-vous que M. le recteur d'académie de Clausat nous fait l'honneur d'une petite visite aussi impromptue que matinale! Monsieur le recteur, voici le professeur Curie, un de nos plus

---

1. *Résistance polonaise* : organisation clandestine de Polonais s'opposant à l'occupation russe.
2. *Santo Caserio* : militant anarchiste italien. Il poignarda Sadi Carnot, le président de la République française, le 24 juin 1894.
3. *Chenu* : aux cheveux blancs.
4. *Guêtres* : bandes de tissu qui enveloppent le haut de la chaussure, et parfois le bas du pantalon. Cet accessoire est un signe d'élégance.
5. *Légion d'honneur* : distinction accordée aux citoyens ayant rendu d'éminents services à la France.

brillants chercheurs et Mlle... Mirovska, qui ne parle
910 malheureusement pas le français mais qui l'assiste dans
son travail...

De Clausat. – M. Curie, mademoiselle...

Pierre, *cherchant à dominer sa panique.* – M. le recteur...

Schutz. – Je disais justement à M. le recteur que vous étiez
915 sur le point de faire un communiqué à l'Académie et
que, sans déflorer véritablement vos travaux, vous seriez
ravi de nous faire une petite démonstration de votre
électromètre.

Pierre. – C'est-à-dire... Ce n'est pas encore prêt.

920 De Clausat. – Rassurez-vous, ma visite est tout à fait privée
et vous pouvez compter sur mon entière discrétion.

Pierre. – Je ne voudrais pas abuser de votre temps...

Schutz. – Nous avons tout notre temps. N'est-ce pas M. le
recteur ?

925 De Clausat. – Moi oui, mais pas vous mon cher Rodolphe. Je sais à quel point vos fonctions sont absorbantes.
Laissez-moi seul avec nos jeunes amis, je viendrai vous
saluer en partant.

Schutz. – Mais M. le recteur, je vous assume, je vous
930 assure...

De Clausat. – Il n'en est pas question. Où irait l'Université
si ceux qui comme moi ont charge de la guider passaient
leur temps à tout désorganiser ! Partez sans crainte : je
suis entre de bonnes mains. *(Schutz ne peut que s'exécuter.*
935 *Avant de sortir, il fait à Pierre un signe furtif mais impérieux*
signifiant de ne pas faire de boulette[1].) Alors, voyons voir cet
électromètre...

---

1. Boulette : maladresse.

PIERRE. – Par ici M. le recteur. *(Pendant la description et les explications qu'il va donner, Marie va s'employer discrètement à cacher les plaques[1] photos dans le placard, éteindre le gaz sous le goulasch, jeter un bout de tissu sur la bonbonne de vodka et revisser silencieusement la tête de Pasteur[2] sur son buste. Pierre va jeter fréquemment des coups d'œil dans sa direction, entraînant par la même occasion le regard du recteur. Ce dernier n'y verra pour autant que du feu[3].)* M. le recteur, l'électromètre que voici repose sur le principe de la piézoélectricité, piézo du grec «presser», principe selon lequel certains cristaux tels que le quartz, soumis à une pression, se chargent positivement sur une face et négativement sur la face opposée. Lorsqu'un courant électrique est communiqué à l'électromètre par une source quelconque, on peut en estimer l'intensité en mesurant la pression qu'il faut exercer sur le quartz pour produire un contre-courant de compensation, voyez-vous, comme ceci...

DE CLAUSAT. – Et quel est l'intérêt de cet appareil ? Concrètement ?

PIERRE. – Mesurer avec exactitude des courants électriques de très faible intensité.

DE CLAUSAT. – C'est ingénieux.

PIERRE. – Et ce, quel que soit le métal conducteur.

DE CLAUSAT. – Mais enfin ne perdez pas trop de temps tout de même avec ça.

PIERRE. – Comment M. le recteur ?

---

1. *Plaques* : voir note 2, p. 69.
2. *Pasteur* : voir note 3, p. 44.
3. *N'y verra* [...] *que du feu* (familier) : ne se rendra compte de rien.

DE CLAUSAT. – À une époque où l'industrie produit et
965   consomme de l'électricité par milliers de kilowatts, à
quoi bon, juste ciel, savoir en mesurer des tensions infinitésimales[1]? C'est comme si vous proposiez de peser le
charbon de ce seau au dixième de milligrammes près! Il
y a quelque chose d'un peu chiche[2] là-dedans!

970 PIERRE. – Ah! permettez…

Le recteur se retourne vers le reste du labo au moment où Marie
finit de revisser la tête de Pasteur, qui restera ainsi tournée vers la
gauche jusqu'à la fin de la scène.

DE CLAUSAT. – Et à quoi d'autre est-ce qu'on s'occupe dans
975   ce laboratoire? Ça, par exemple, qu'est-ce que c'est?

Il soulève de sa canne le chiffon cachant la bonbonne de vodka.

PIERRE. – Ceci, oh! mais ça n'a rien à voir avec nos travaux
M. le recteur. Il se trouve que j'ai des colibacilles[3] et que
cette eau thermale provient de la source de la Preste
980   dans les Pyrénées. J'en bois deux grands verres tous les
matins.

DE CLAUSAT. – Pourquoi au laboratoire? Pourquoi pas chez
vous?

PIERRE. – Mmmais parce que c'est très précis. Je dois boire
985   mes deux grands verres à neuf heures tapantes. Sinon ce
n'est pas efficace, paraît-il.

DE CLAUSAT. – Ah! en ce cas. Il est vrai que l'organisme a de
ces mystères! *(Il désigne le goulasch.)* Et ceci?

---

1. *Infinitésimales* : minimes.
2. *Chiche* : sans valeur.
3. *Colibacilles* : bactéries dont la présence dans les intestins provoque
une maladie chronique.

PIERRE. – Ceci ? Euh… Êtes-vous chimiste de formation
990   M. le recteur ?

DE CLAUSAT. – Non, moi ma branche c'est l'astronomie.
Mais je pense pouvoir comprendre à peu près tout dans
les grandes lignes.

PIERRE. – Eh bien, voyez-vous, ceci est du… il s'agit de…
995   ragousulfite de polonorata. Cultivé de manière anaéro-
bique.

DE CLAUSAT. – Quelle application ?

PIERRE. – Eh bien… pouvoir produire… artificiellement un
aliment chimique… destiné au bétail.

1000   DE CLAUSAT. – Voilà quelque chose d'intéressant ! (*Il s'approche et hume l'air au-dessus du récipient.*) Ça sent très mauvais
mais il est vrai que pour les bêtes… En tout cas, c'est
prometteur !

PIERRE. – N'est-ce pas ? D'ailleurs, pour en revenir à mon
1005   électromètre…

La pendule sonne 9 heures.

DE CLAUSAT. – Neuf heures ? Déjà ? Eh bien, mais c'est
l'heure de votre eau minérale.

PIERRE. – Oui, merci. Et donc, comme je vous disais à propos
1010   de mon quartz…

DE CLAUSAT. – Non mais soignez-vous mon ami. La faculté
vous a dit neuf heures précises, buvez votre eau.

PIERRE, *sourire gêné*. – Ce n'est pas à quelques minutes près
tout de même !

1015   DE CLAUSAT. – On dit ça et après on oublie.

PIERRE. – Mais je vous assure que…

DE CLAUSAT, *paternel*. – Buvez votre eau ! C'est un ordre ! Je m'en voudrais d'augmenter vos colibacilles[1] !

PIERRE. – Eh bien… soit !

1020 *Il se verse à regret un verre plein de vodka. Il hésite, commence à boire, manque s'étouffer, tousse…*

DE CLAUSAT. – C'est mauvais ?

PIERRE, *d'une voix altérée*. – Hhhhhurh ! Hhuhhurh. C'est-à-dire… il faut être habitué !!

1025 DE CLAUSAT. – Ces eaux thermales… il en est de rudes. Allez, courage ! *(Pierre vide son verre. Il se croit quitte mais…)* Allez, le deuxième et vous en aurez fini.

Pierre ne peut se dérober. Il boit d'un trait un deuxième verre plein à ras bord de vodka. Tête de Marie !

1030 PIERRE. – Le… deuxième passe déjà beaucoup mieux ! Curieux, n'est-ce pas ?

Pierre semble vaciller un peu mais il se reprend.

DE CLAUSAT, *montrant la dynamite*. – Et ça, qu'est-ce que c'est ?

1035 PIERRE. – Il s'agit… de slavomaniate… de fanatite. C'est Mlle Skłodowska qui s'occupe de cette… préparation. Qui pourrait bien un jour faire… du bruit !

DE CLAUSAT. – Du bruit, comment ça ?

PIERRE. – Cette substance est… susceptible de dégager
1040 beaucoup d'énergie.

Pierre commence à avoir un sérieux coup dans l'aile[2] mais il va tout faire pour que ça ne se voie pas.

---

1. Colibacilles : voir note 3, p. 76.
2. Avoir un sérieux coup dans l'aile (familier) : être tout à fait ivre.

De Clausat. – Une nouvelle source d'énergie ? *(Pierre hoche la tête vigoureusement.)* Mais laquelle ? Dites-m'en plus !

1045 *(Pierre a comme un passage à vide. Il ferme les yeux, tête basse, en fronçant les sourcils et en secouant la tête comme pour maîtriser la soûlerie. De Clausat, souriant :)* Je comprends, je suis trop impatient. Mais promettez-moi que si ça devient officiel vous m'en informerez avant tout le monde !

1050 *(Pierre hoche la tête affirmativement.)* Si Mlle Machinska ne parle pas un mot de français, excusez-moi mais comment faites-vous pour communiquer avec elle ?

Pierre. – Héhéhéhéhé ! Hihihihihi...

De Clausat. – Qu'est-ce qu'il y a de si drôle ?

1055 Pierre, *se reprenant.* – C'est très sssimple, M. le rrrecteur, jjje cccompends ttrès bbbien qque vous mmme posiez cccette question, cc'est vrai, ça, après tout, cccomment sssuis-je au cccourant de ssses travaux puisqu'elle nnne pparle pas notre langue ? Vvvous vvvous dites «il dddoit

1060 y avvoir une rrraison ! ».

De Clausat. – Oui mais laquelle ?

Pierre. – Eh bien jjje vais vous la ddddire. Je vvais vvvous la ddire. Jje ccommunique avec elle parce que... parce que... parce que je parle polonais !

1065 De Clausat. – Non c'est vrai ? Alors là, vous me sidérez mon cher Curie ! Couramment ?

Pierre. – Cccouramment. Hihihihi !

De Clausat. – Vous m'impressionnez. Parce que moi les langues... Voudriez-vous dire de ma part à cette jeune

1070 personne que la Pologne est un grand pays, un grand peuple, dont je déplore l'occupation par les Russes ?

PIERRE. – Très vvvolontiers. *(À Marie, visiblement inquiète :)*
Dichaye vietchoren… papuga rector outchiangjé dva rasé
na opéjé bèze pousenia !

1075 *Marie hoche la tête en signe de remerciement honoré.*

DE CLAUSAT, *à Pierre.* – Ça vous ennuie de continuer à me
servir d'interprète ?

PIERRE. – Mais pppas du tttout !

DE CLAUSAT. – Dites-lui que grâce à des gens comme elle…

1080 PIERRE. – *Vladivostok moujik kazatchoc koulibiak*[1]…

DE CLAUSAT. – … des scientifiques venus des quatre coins de
notre vieille planète…

PIERRE. – … *nazdarovia planetovski pirojki kouglof…*

DE CLAUSAT. – … la science pourra progresser à pas de
1085 géant…

PIERRE. – … *Kasimir volga géantov blini tarama…*

DE CLAUSAT. – … et devenir très vite une sorte de nouvel
âge d'or…

PIERRE. – … *novossibirsk vistule orloff zakouski…*

1090 DE CLAUSAT. – … où tous les savants vivront en fraternité
sans clans ni frontières !

PIERRE. – … *tckékof fraternitine tolstoï moussaka polenta…*

DE CLAUSAT. – Merci beaucoup mon cher Curie.

---

1. Pour faire croire qu'il parle polonais, Pierre utilise au hasard des mots
russes, parmi lesquels on peut reconnaître des noms de plats (koulibiac,
pirojki, kouglof, blini, tarama, orloff, moussaka), de lieux (Vladivostok,
Volga, Novosibirsk), d'écrivains ou de célèbres personnages de la littéra-
ture russe (Tchekov, Tolstoï, Godounov, Karénine), et des mots qui sont
choisis uniquement pour leur sonorité (polenta, vistule, chtouille).

PIERRE. – … *goudounov kurinine chtouille awruina karénine.*

1095 DE CLAUSAT. – Non, c'est vous que je remercie.

PIERRE. – Ah… ppardon !

MARIE, *solennelle.* – *Voudkaâ souodetché môya, té yestèche nazdrovia, ilé tchienne tsenitch tcheba, ten tilko tchienne doviê, kto, pchepouachtou.*

1100 DE CLAUSAT. – Qu'est-ce qu'elle a dit ?

PIERRE. – Qu'elle vvvous rrremercie beaucccoup mais qqqu'elle vvvous fait humbbblement ooobserver qqque vvvous mmme marchez sssur le ppied et qqque ççça dddoit être ttrès dddouloureux, cce qqqui est vvrai par
1105 ailleurs.

De fait, le recteur écrasait depuis un instant le pied de Pierre.

DE CLAUSAT. – Oh ! Pardon !

Il retire son pied.

PIERRE. – Non mmmais il n'y a ppas de mmal !

1110 DE CLAUSAT. – Figurez-vous que je suis à la fois d'une maladresse et d'une distraction !

PIERRE. – Ah… vvraiment ?

Il chancelle debout.

DE CLAUSAT. – Comme bien des savants. En tout cas, mon
1115 cher, que de promesses dans ce laboratoire ! De nouvelles formes d'énergie, de nouveaux aliments pour l'élevage ! Je vais de ce pas dire au professeur Schutz la très excellente impression générale que m'inspirent vos travaux. À part bien sûr votre électromètre un peu saugrenu. Mon
1120 cher Curie, Mlle Trukovska, au revoir, bravo et à bientôt !

(Il se dirige droit vers la porte mais avise le buste de Pasteur[1].)
Tiens, Pasteur regarde à gauche sur les nouveaux bustes ?
Encore une manœuvre des socialistes et des radicaux[2]
pour s'approprier tout ce qui compte dans ce pays !

1125 *Il sort, Marie se précipite pour remettre la tête droite. Puis :*

MARIE. – Ouf ! J'ai eu une de ces peurs ! Vous avez été magnifique !

Pierre a du mal à tenir debout.

PIERRE. – Mmagnifique ? Jjj'ai ignomini… gnimini… gnimi-
1130 nieusement menti à un éminique scientifient ! Pour
couvrir vvos agissements à vous et à Bistrot, à Bricot,
Bichro ! J'ai démérité. Jjj'ai mmmenti ! Au rectum[3] !

MARIE, *prise de fou rire rétrospectif.* – Comment avez-vous
appelé le goulasch ?

1135 PIERRE. – *Rragousulfite de pppolonorata.*

MARIE. – Hahaha ! Et la dynamite ?

PIERRE, *perdant son sérieux malgré lui.* – *Slavomaniate… de…*
ffanatite !

MARIE. – Ah ! ça c'était parfait ! HA HA HA !

1140 PIERRE. – Oui mais… mmmême si jje suis bourré cccomme
un ccaleçon, ça ne m'empêche pas d'êtttre tttrès en
colère !

MARIE. – Ça vous va très bien !

---

1. *Pasteur* : voir note 3, p. 44.
2. Les *socialistes* et les *radicaux* sont les membres de deux partis
politiques de gauche.
3. Pierre, complètement ivre, utilise le mot «rectum» (partie de l'intestin
s'étendant jusqu'à l'anus) à la place de «recteur» (le plus haut responsa-
ble de l'académie).

■ Isabelle Huppert incarne une Marie Curie insolente et fougueuse dans le film de Claude Pinoteau.

Elle s'approche et l'enlace. Elle l'attire pour un baiser. Il succombe
1145 *à son charme. Puis s'écroule à moitié en se rattrapant à elle. Retour*
de Bichro. Pierre parvient à s'écarter d'elle brusquement.

PIERRE. – Ddu pppermanganate de sssodium, absolument
Mlle Skłodowska, du permanganate de sssodium !

BICHRO, *inquiet*. – Il paraît que vous avez eu la visite du
1150 recteur ?

PIERRE. – Oui et jjj'aime autant te dire qqque tu vvas ddéguster !

Noir.

Scène 8

Le laboratoire, en fin de matinée.
Le buste, le goulasch, la vodka, tout a disparu. Marie est en train de
manipuler un potentiomètre[1] *tandis que Pierre étudie les éléments*
démontés de son électromètre. On entend le bruit atténué d'une
déflagration. La verrière tremble sans les distraire. Un temps. Puis
Marie donne des signes d'agitation.

MARIE. – Alors ça c'est plus fort que tout !

1155 PIERRE. – Mmm ?

MARIE. – Pierre, ces sels d'uranium font grésiller le potentiomètre !

PIERRE. – Qu'est-ce que tu racontes !

MARIE. – Sans être connectés au moindre courant électrique,
1160 ces sels d'uranium émettent de l'électricité ! Un courant
très faible mais, viens voir, très rapide !

---

1. *Potentiomètre* : voir note 7, p. 57.

PIERRE, *venant voir.* – C'est rigoureusement impossible !

MARIE. – Vérifie toi-même.

Un temps. Pierre examine le dispositif et tend l'oreille.

1165 PIERRE. – Comme une pile électrique ! Mais c'est ahurissant !
D'où viennent ces sels d'uranium ?

MARIE. – Du placard.

PIERRE. – De toute façon l'uranium n'a aucune propriété
magnétique !

1170 MARIE. – Et pourtant il émet de l'électricité. Ça expliquerait
tout.

PIERRE. – Enfin Marie, comment veux-tu qu'il émette de
l'électricité ! Il faudrait qu'on y ait stocké de l'électricité.
Puisqu'il ne peut en produire !

1175 *Entre Bichro, visiblement aux cent coups[1].*

BICHRO. – Vite, vite, je suis dans une merde noire !

PIERRE. – Gustave, écoute ça un peu…

BICHRO, *brandissant des épreuves.* – Vous, regardez-moi ça !
Quand j'ai développé les plaques[2] photos, elles étaient
1180 complètement foutues ! Regardez-moi cette tache rectan-
gulaire au milieu des tableaux vivants[3] !

PIERRE, *inspectant les épreuves.* – Tu les as accidentellement
surexposées, voilà tout.

BICHRO. – Alors elles devraient être blanches. Or, elles sont
1185 toutes nettes avec une tache dessus. Au même endroit !
(À Marie :) Qu'est-ce que vous leur avez fait ?

---

1. *Aux cent coups* (familier) : affolé.
2. *Plaques* : voir note 2, p. 69.
3. *Tableaux vivants* : voir note 1, p. 70.

MARIE. – Mais rien! Quand de Clausat est venu, je les ai cachées dans le placard. Sous cette boîte de sels d'uranium et Pierre les a rendues aussitôt après pour que vous les développiez ailleurs.

BICHRO, *saisissant la boîte*. – Exactement le même format que la tache! C'est cette boîte qui a tout salopé!

PIERRE. – C'est impossible, les plaques sont protégées par une feuille opaque, hermétique à cent pour cent.

MARIE. – Et pourtant ça correspond!

PIERRE, *fasciné*. – C'est complètement fou! Gustave, tu te rends compte? Quelque chose a traversé! À sec!

BICHRO. – Je me rends compte que je suis dans de beaux draps[1]!

PIERRE. – Tu n'auras qu'à dire à ton oncle...

BICHRO. – Mon oncle? Quel oncle? En fait mes commanditaires sont des arsouilles[2] qui traînent au Moulin-Rouge[3] et que la Goulue[4] m'a présentés. Pif-Rouge et Le Grêlé. Moi, ils m'appellent La Science, c'est vous dire le monde que c'est. Ils ont des rasoirs sur eux. Et ils m'ont prévenu : ils payent rubis sur l'ongle[5], mais à la moindre entourloupe[6], au moindre retard, ils débarquent à l'École! Ils ont mon nom, mon adresse, je suis fait comme un rat!

PIERRE. – Ils savent pour Marie?

BICHRO. – Non.

---

1. *Je suis dans de beaux draps* (familier) : j'ai de sérieux ennuis.
2. *Arsouilles* (familier) : voyous.
3. *Moulin-Rouge* : voir note 1, p. 68.
4. *La Goulue* : voir note 2, p. 68.
5. *Rubis sur l'ongle* (familier) : comptant.
6. *Entourloupe* (familier) : problème.

PIERRE. – Attends, calme-toi. Je vais les recevoir, je vais leur expliquer qu'un phénomène hautement imprévisible...

BICHRO. – Mais tu rigoles ? La Goulue m'a dit : «Sois réglo[1] avec eux, c'est le genre à saigner[2] père et mère !»

1215 *On frappe énergiquement à la porte. Chacun se fige. Bichro fait signe à tout le monde de se taire et entreprend de se cacher dans le placard. Hélas, il est bourré à craquer. C'est impossible. La porte s'ouvre. C'est Georgette.*

PIERRE. – Non, Mlle Georgette, ce n'est pas le moment.

1220 GEORGETTE. – J'en ai que pour une minute ! *(Elle file droit sur Marie et :)* C'est quoi qu'on boit dans votre pays ?

MARIE. – Dans mon pays ?

GEORGETTE. – Avec quoi les hommes se soûlent chez vous ?

MARIE. – À... à la vodka en général.

1225 GEORGETTE, *triomphante*. – Voilà ! la vodka ! *(Montrant son crâne)* J'en ai là-dedans ! Surtout achetez-en pas en ce moment. La police est venue prévenir qu'y en a une qui se vend à la sauvette qu'y faut surtout pas boire ! De la «CHOUCHEKAYA». Elle est empoisonnée ! La police 1230 cherche une femme.

PIERRE. – Une femme ? Quel genre de femme ?

GEORGETTE. – Une maniaque. Ils parlaient tout le temps de la maniaque qui a empoisonné les gens. Elle a envoyé quatre-vingts personnes à l'hôpital.

1235 PIERRE, *saisi d'une idée atroce*. – La maniaque ou l'AMMONIA-QUE ?

---

1. Réglo (familier) : correct, honnête.
2. Saigner (familier) : assassiner.

GEORGETTE. – La moniaque? Vous croyez? *(Bichro verdit.)* Qu'est-ce que c'est «la moniaque»?

PIERRE. – Un produit toxique! Eh bien, merci de nous avoir
1240   prévenus. Et je vous en supplie, laissez-nous.

GEORGETTE, *sortant*. – Chouchaya!

Elle sort.

PIERRE, *à Bichro*. – Se pourrait-il, malheureux, que tu aies pu être assez jean-foutre[1] pour fabriquer ta mixture dans de
1245   vieux bidons d'ammoniaque venant de cette école?

BICHRO. – Mais… On ne rince donc pas les récipients, ici, avant de les mettre au rebut? Mais c'est très dangereux!

PIERRE, *hors de lui*. – Je vais te casser la gueule! J'ai été patient
1250   avec toi mais là je vais te casser la gueule!

Marie s'interpose.

MARIE. – Arrête Pierre, calme-toi!

BICHRO, *à Pierre*. – Oh! Mais toi aussi tu me bassines[2]! Tu crois que je suis pas assez dans le caca comme ça?!

1255 MARIE. – Arrêtez de gueuler comme des tarés! Il ne manquerait plus… *(Entre Schutz, en lambeaux des pieds à la tête. Comme si un tigre s'était acharné sur ce qui semble avoir été une jaquette, un plastron et un haut-de-forme[3] de cérémonie. Marie, de dos, continue :)* … que le gros Schutz vienne nous
1260   faire chier avec ses conneries!

---

1. ***Jean-foutre*** (familier) : incapable.
2. ***Tu me bassines*** (familier) : tu m'ennuies.
3. Schutz a revêtu un habit de cérémonie. Une ***jaquette*** est une veste d'homme descendant jusqu'aux genoux, un ***plastron*** un accessoire recouvrant la poitrine, et un ***haut-de-forme*** un chapeau.

SCHUTZ. – Un attentat contre Sadi Carnot[1]! À trente mètres de moi! Un buste de Pasteur[2] piégé! J'étais en train de me dire que la tête était de traviole quand tout a pété! C'est une catastrophe!

1265 PIERRE. – Ah! bon sang!

SCHUTZ. – Le Président est sauf, mais le ministre de l'Éducation nationale a été tué! Mes palmes[3] académiques sont cuites! À tous les coups c'est Binet qui va se les goinfrer[4]!

1270 BICHRO. – Le ministre est mort?

SCHUTZ. – Pulvérisé! Son oreille est passée à ça de moi!

MARIE. – Vous êtes sûr pour le buste de Pasteur?

SCHUTZ. – Sûr et certain!

MARIE. – Ça ne pouvait pas être Victor Hugo? Ils se ressem-
1275 blent beaucoup!

SCHUTZ. – Aussi sûr que de vous avoir entendue me traiter à l'instant de gros con qui fait chier! Pour une étudiante polonaise hier encore nulle en français, vous avez tout du caméléon sortant d'un égout! D'ailleurs, comme vous
1280 dites, le gros con il va drôlement faire chier! La rigolade c'est fini! Je coupe le charbon, et dans une semaine si vous ne m'avez pas donné de quoi écraser Binet dans la course aux palmes, je vous fous tous à la porte! Compris, M. et Mme Curie? Compris Bichro?

---

1. *Sadi Carnot* : voir note 2, p. 47.
2. *Pasteur* : voir note 3, p. 44.
3. *Palmes* : voir note 1, p. 42.
4. *Se les goinfrer* (familier) : les récupérer.

1285 BICHRO. – Comment m'avez-vous appelé ?

SCHUTZ. – Bichro ! La bique ! Le rouquin-métèque ! Bicro-tin ! Poil de Bicrotte ! Il vous faut la liste complète de vos sobriquets[1] gravés dans les chiottes ?

BICHRO, *remontant ses manches.* – Attention gros pouf !

1290 SCHUTZ. – Dehors ! À la porte !

BICHRO. – C'est moi qui plaque tout ! Regardez ce que j'en fais de mon tablier ! *(Il saisit sa blouse et la déchire sauvagement avant de la jeter à Schutz.)* Mettez-la par-dessus, ça complétera votre attirail de clown dans le numéro du
1295 savant trouduc !

SCHUTZ, *avançant sur lui.* – Dehors ou je vous casse en deux !

BICHRO, *saisissant une chaise.* – Loqueteux[2], grosse bouse, laisse-moi passer ou je te rétame !

1300 *Moment de flottement. Bichro rompt et se rue sur la porte. Il abandonne la chaise et sort en claquant la porte.*

SCHUTZ, *à Pierre et Marie.* – À qui le tour ?

PIERRE. – Monsieur le directeur, j'ai la passion de mon travail, je suis entièrement dévoué à la science et à cette
1305 école, mais dans les circonstances présentes, je me vois contraint de vous signifier ma démission !

SCHUTZ. – Et de deux !

MARIE. – Non ! *(À Pierre :)* Non, Pierre ! Dans une semaine mais pas maintenant. Pas à chaud !!

1310 PIERRE. – Je regrette mais ma décision est prise.

---

1. *Sobriquets* : voir note 2, p. 35.
2. *Loqueteux* : homme vêtu de loques, de vêtements en mauvais état.

MARIE, *à Pierre*. – NON !! *(À Schutz :)* Ne l'écoutez pas. Une semaine, c'est d'accord ? Je vous jure que dans une semaine mon mari et moi vous donnerons de quoi nager dans les palmes[1] !

1315 PIERRE. – Je te dis que…

MARIE. – Tais-toi ! Alors, Schutz ?

SCHUTZ. – Jour pour jour !

Il sort.

MARIE, *à Pierre, intensément*. – Si tu m'aimes, tu attends une
1320 semaine !

PIERRE. – C'est reculer pour mieux sauter !

MARIE. – Pierre, écoute-moi. À nous deux on peut tout. Tout, tu m'entends ? Tu es un esprit supérieur, moi une chienne de labo. En une semaine on peut trouver.

1325 PIERRE. – Trouver quoi ?

MARIE. – N'importe quoi ! On peut, Pierre ! Si on veut on peut !

PIERRE, *ébranlé*. – Comment dit-on «l'union fait la force» en polonais ?

1330 MARIE. – *Solidarność[2] !*

Noir.

---

1. *Palmes* : voir note 1, p. 42.
2. *Solidarność* : «solidarité» en polonais, et nom d'une fédération de syndicats polonais fondée dans les années 1980, qui joua un rôle important dans l'opposition à la domination russe de la Pologne.

Scène 9

Même lieu, une semaine plus tard. La pendule indique deux minutes plus tôt. Pierre et Marie, en manteau, finissent de ranger le laboratoire. Ils ont deux sacs de voyage en cuir dans un coin. Pierre balaie tandis que Marie efface le tableau proprement, à l'éponge humide. Puis ils viennent déployer sur la table une large carte de France.

PIERRE. – Tu sais Marie, en fait on pourrait partir par Chartres et revenir par Nancy, c'est tout aussi bien.

MARIE. – C'est vrai qu'on aurait jusqu'aux Pyrénées pour
1335   se mettre en jambes alors que par l'est c'est très vite les Vosges.

PIERRE. – Mais bien sûr les Vosges, puis le Jura, puis les Alpes c'est progressif, alors que les Pyrénées ça monte d'un coup à partir de Bayonne.

1340   MARIE. – Ou alors tu sais quoi ? *(Entre Schutz, oignon de montre[1] à la main. Marie continue :)* … On bifurque après La Rochelle et on passe par l'intérieur de l'Aquitaine : ça vallonne un peu plus.

Mais Pierre s'est figé à l'entrée de Schutz.

1345   SCHUTZ. – Vous vous préparez à aller quémander de la besogne de laborantin[2] dans toutes les pharmacies de l'Hexagone ? *(Pierre et Marie restent de marbre[3].)* C'est bien

---

1. *Oignon de montre* : montre de poche, utilisée avant l'apparition de la montre-bracelet.

2. *Quémander de la besogne de laborantin* : supplier pour obtenir un simple travail de technicien de laboratoire.

3. *Restent de marbre* : ne montrent aucune émotion.

rangé au moins. On attend la minute réglementaire ou on va tout de suite aux résultats ?

1350 PIERRE. – Comme vous voudrez.

SCHUTZ. – Alors dépêchons : je ramasse les copies !

PIERRE, *sec.* – Non, s'il vous plaît hein, arrêtez les pitreries.

SCHUTZ. – Mais comment ? Je jubile : ou je vais avoir les palmes[1] ou j'aurai le plaisir de débarrasser l'Université
1355 de deux parasites. C'est un jour faste[2] ! Allez, tiens, on attend jusqu'au bout. Vingt secondes. *(Il sifflote en se dandinant pendant vingt secondes puis :)* Alors, dites-moi tout : votre quartz, il continue à yoyoter[3] ou il s'est calmé avec l'uranium ?

1360 PIERRE. – Il continue à yoyoter.

SCHUTZ, *déception feinte.* – Comme c'est dommage ! Aïe aïe aïe aïe !

MARIE. – Eh non, il yoyote toujours mais ce n'est pas dommage. C'est même tout à fait gouleyant[4].

1365 SCHUTZ. – Voyez-vous ça ! Gouleyant !

PIERRE. – Oui, parce que ça prouve que l'uranium émet, à l'état naturel, non seulement de l'électricité mais également des rayons X. À flux constant et régulier.

MARIE. – Les mêmes rayons X que ceux que Roentgen[5] a
1370 découverts !

---

1. *Palmes* : voir note 1, p. 42.
2. *Jour faste* : jour heureux.
3. *Yoyoter* (familier) : délirer.
4. *Gouleyant* : agréable.
5. *Wilhelm Roentgen* (1845-1923) : physicien allemand qui découvrit les rayons électromagnétiques, qu'il nomma rayons X, vers 1895, et reçut pour cela le prix Nobel en 1901.

SCHUTZ. – Vous êtes en train de me dire que l'uranium produit de l'énergie ? Vous pensez que je vais aller raconter ça à l'Académie ?

PIERRE, *sortant une enveloppe épaisse du tiroir de la table.* – Pas raconter : révéler, prouver et démontrer. L'uranium, tout l'uranium du monde, émet de toute éternité des rayons X. On ne s'en était simplement pas aperçu. En quantité partout strictement proportionnelle à sa masse. Deux grammes d'uranium produisent deux fois plus de rayons X qu'un gramme. Invariablement. De Johannesburg à La Garenne-Colombes.

MARIE. – Et nous proposons d'appeler ce phénomène la radioactivité.

SCHUTZ. – Vous voulez sérieusement me faire croire ça ?

PIERRE. – Vérifiez nos calculs, nos expériences, nos déductions. Il ne s'agit pas de croire mais de constater.

SCHUTZ, *ouvrant l'enveloppe et feuilletant la liasse.* – Vous savez très bien qu'on ne peut pas à la fois diriger une école et se tenir au courant des concepts en perpétuelle évolution de la physique moderne ! Vous essayez de me piéger avec un canular[1] pour que je fasse une démonstration publique d'incompétence !

MARIE. – Soumettez nos travaux à quelqu'un en qui vous ayez confiance.

PIERRE. – En espérant qu'il ne vous pique pas la vedette lors de la présentation.

MARIE. – Alors que si vous les apprenez par cœur, vous pourrez plastronner[2] en exposant tout seul nos conclusions !

---

1. *Canular* : voir note 3, p. 51.
2. *Plastronner* : frimer.

SCHUTZ, *reposant la liasse sur la table.* – Je rétablis le charbon,
on s'enferme dans cette pièce, vous m'expliquez de A à Z
jusqu'à ce que j'aie tout vérifié, tout compris, et ensuite
seulement je décide quelle suite j'entendrai donner !

PIERRE, *après avoir repris la liasse.* – Non. Nous, nous partons
en voyage de noces.

MARIE. – On s'est acheté des vélos.

PIERRE. – Une semaine jour pour jour : c'était ce qui était
convenu.

MARIE. – Alors maintenant il faut nous dire si nous sommes
virés ou non.

PIERRE. – Parce que si nous sommes renvoyés...

MARIE. – Nous emportons notre communiqué...

PIERRE. – Et notre petit Tour de France...

MARIE. – Il pourrait peut-être faire un crochet par Zurich...

PIERRE. – Où on s'intéresse beaucoup aux rayons X.

MARIE. – Avouez que ce serait dommage...

PIERRE. – Imaginez que les Anglais aient renvoyé Newton[1] !
Qu'un zigoto comme vous l'ait obligé à aller à Zurich
prendre sa pomme sur la tête[2] !

MARIE. – La honte !

PIERRE. – Alors, Schutz ? Décision.

SCHUTZ. – Laissez-moi réfléchir.

MARIE. – Vite alors, parce qu'on s'en va dans trente secondes.
(À Pierre :) Tu as pensé aux chambres à air de rechange ?

PIERRE. – Dans le sac gris.

---

1. *Newton* : voir note 3, p. 50.
2. *Prendre sa pomme sur la tête* : voir note 4, p. 50.

1425 MARIE, *fouillant dans le sac et en sortant un petit appareil.* – Et
ça, qu'est-ce ?

PIERRE. – Un cadeau pour toi. Une version voyage et plein air
de mon électromètre. Ce sera utile quand nous commence-
rons à camper vers fin avril : j'ai remarqué que la vibration
1430 attire les mouches et qu'en passant entre les électrodes,
l'arc électrique leur flanque un infarctus...

MARIE. – Tu es formidable. Moi aussi j'ai un cadeau de
voyage.

Elle lui tend un livre.

1435 PIERRE, *lisant le titre.* – «Classification périodique et masses
atomiques exprimées en moles des éléments identifiés
par Mendeleïev»! Rien ne pouvait me faire plus plaisir !

Il s'approche pour l'embrasser mais...

SCHUTZ. – Banco. Je marche. Passez-moi le bébé. Je fais peut-
1440 être une bourde[1] géante mais vous êtes assez cinglés
pour avoir mis dans le mille[2] par hasard. Je me mouille
jusqu'au cou. Mais avertissement : si vous m'avez roulé[3],
vous aurez beau pédaler jusqu'à Ouagadougou, je vous
retrouve, je vous écrabouille, je vous...

1445 *Index dressé.*

PIERRE. – Qui vivra verra !

Ils sortent.

*Schutz reste un instant comme soumis à des tensions contradictoires,
puis se plonge dans le communiqué et en sort une épreuve photo-
1450 graphique qu'il regarde en transparence de la clarté de la lampe.*

RIDEAU

---

1. **Bourde** : voir note 2, p. 59.
2. **Mis dans le mille** (familier) : trouvé la solution.
3. **Roulé** (familier) : trompé.

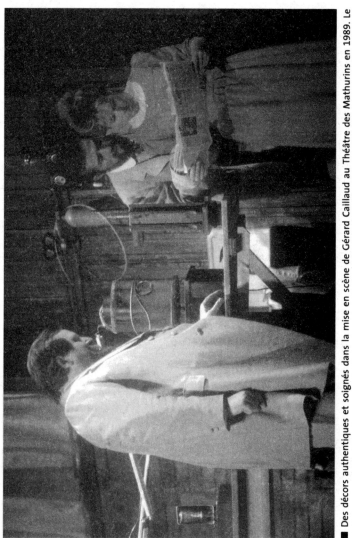

■ Des décors authentiques et soignés dans la mise en scène de Gérard Caillaud au Théâtre des Mathurins en 1989. Le metteur en scène est aussi acteur. Ici, il incarne M. Schutz aux côtés de Sonia Vollereaux (Marie curie) et Stéphane Hillel (Pierre Curie).

Acte II

Scène 1

Le laboratoire est dans son ensemble inchangé mais le mobilier a évolué : il y a un tapis, une deuxième armoire, des fauteuils là où il n'y avait au premier acte que des chaises et le matériel expérimental s'est nettement étoffé[1]. C'est l'été. La verrière est ouverte. On entend pépier des moineaux. Les Curie sont en train de travailler. Marie, sans être passée d'un extrême à l'autre sur le plan vestimentaire, porte une petite robe d'été charmante et sobre qui lui va très bien. Pierre est en bras de chemise[2], le gilet ouvert.

PIERRE, *montrant une lettre à Marie.* – Marie, l'université de Baltimore nous invite à venir faire une conférence sur la radioactivité, date à notre convenance. Qu'est-ce que je réponds ?

5 MARIE. – Ah ! non ! je croyais que c'était fini tout ce cirque ! Réponds que nous ne donnons plus de conférence et joins-leur le texte de celle que tu as prononcée à Londres.

---

1. *Étoffé* : enrichi.
2. *En bras de chemise* : les manches de chemise retroussées.

D'ailleurs nous n'avons rien de neuf à dire sur la radioactivité depuis des mois.

10 PIERRE. – Tout de même… les États-Unis… c'est un pays qui monte…

MARIE. – Si la presse et la communauté scientifique internationale ne nous fichent pas la paix, nous allons finir par prendre du retard sur les autres dans l'étude des rayons X
15 uraniens. Il y a cet Anglais-là…

PIERRE. – Rutherford[1].

MARIE. – Oui, Rutherford, qui m'inquiète beaucoup. Il progresse à vitesse grand V.

PIERRE. – Chacun son tour de tirer la charrue[2]. Moi-même
20 j'ai repris mes travaux sur la cristallographie[3].

MARIE. – Oui mais c'est moi qui, la première au monde, ai eu l'intuition que l'uranium émettait des rayons X, moi qui ai baptisé ce phénomène radioactivité ! C'est frustrant tout de même d'ouvrir seulement la route !

25 PIERRE. – Eh bien, nous n'irons pas à Baltimore.

Deux mains qui brandissent un appareil photo fonctionnant au phosphore apparaissent à la verrière. Éclair.

MARIE. – Ah non ! En voilà assez !

Pierre file engueuler le «paparazzo[4]» indélicat. Un temps. Il
30 *revient.*

---

1. *Ernest Rutherford* (1871-1937) : physicien anglais. Il reçut le prix Nobel en 1908 pour ses travaux sur la radioactivité.
2. *Tirer la charrue* : faire un travail pénible.
3. *Cristallographie* : étude scientifique des cristaux.
4. *Paparazzo* : singulier de *paparazzi* ; photographe spécialisé dans les photos prises par surprise).

PIERRE. – Bien sûr il avait filé.

MARIE. – Comment peut-on travailler dans ces conditions ?
(On frappe à la porte) Qu'est-ce que c'est encore ?

PIERRE, *d'un ton sec.* – Entrez !

35 *C'est Bichro. Habillé comme un prince. Gants beurre frais[1], melon
gris perle, guêtres[2].*

BICHRO. – C'est moi, c'est Gustave, je ne vous dérange
pas ?

PIERRE. – Gustave ! Marie, c'est Gustave !

40 MARIE. – Gustave !

Ils se précipitent vers lui et l'embrassent avec effusion.

PIERRE. – Ça fait un bail[3] !

BICHRO. – Quatre ans !

MARIE. – Mais c'est fou ! Quatre ans sans nouvelles et ce
45   matin je disais à Pierre : «Mais que devient Bichro ?»
Oh ! Pardon !

BICHRO. – Laisse, va. Je m'y suis fait. Ça continue à me
suivre.

PIERRE. – Mais dis donc, lâcheur, tu es vêtu comme un
50   prince !

BICHRO. – Les affaires marchent.

MARIE. – Et tes recherches ?

BICHRO. – J'ai réalisé mon rêve : financer mes propres
recherches. J'ai un labo dans mon jardin. Je peux enfin

---

1. Beurre frais : couleur de beurre frais, jaune pâle. C'est une couleur
réputée pour son élégance.
2. Guêtres : voir note 4, p. 73.
3. Un bail (familier) : longtemps.

55   m'adonner à la spectroscopie[1]. Et vous, dites-moi, quel
       ramdam[2] depuis quatre ans ! C'est la gloire !

MARIE. – Ne m'en parle pas. Ça se calme à peine. Pas moyen
       de travailler tranquilles.

BICHRO. – J'ai lu dans *La Gazette de l'Académie* que Schutz
60   avait eu ses palmes[3]…

PIERRE. – Ah ! ces fameuses palmes ! Le jour où on l'a décoré,
       il a fait trois fois le tour du quartier, rouge de plaisir. Il
       s'est fait prendre en photo sous toutes les coutures.

MARIE. – Un vrai gosse. *(On frappe, mais la porte s'ouvre sans*
65   *attendre la réponse. C'est Georgette en tenue de nounou de l'épo-*
       que, tenant un couffin empanaché d'une large gaze servant de
       moustiquaire.) Et voici Mlle Georgette !

Georgette semble à la fois ravie de revoir Bichro et désireuse, par
gestes et mimiques, qu'on ne réveille pas le bébé.

70 BICHRO, *à mi-voix.* – Mlle Georgette !

GEORGETTE, *idem.* – M. Bichron !

MARIE, *idem.* – Et notre petite Irène !

BICHRO. – Oh ! faites voir ce petit amour ! *(Il suit Georgette qui*
       est partie poser Irène dans un coin du labo, à l'écart du bruit.
75   *Il regarde sous la moustiquaire avec attendrissement puis vient*
       rejoindre les Curie. À Pierre :) Dis donc, elle a de la chance,
       elle a échappé à ton air bête.

PIERRE. – Moque-toi : il paraît qu'elle est très en avance !

---

1. *Spectroscopie* : voir note 2, p. 49.
2. *Ramdam* : bruit, agitation.
3. *Palmes* : voir note 1, p. 42.

GEORGETTE. – Ben ça, avec les parents qu'elle a... Le jour
80   même de sa naissance ça se voyait qu'elle avait déjà de
l'instruction.

BICHRO. – Alors, Mlle Georgette, fini la restauration ?

GEORGETTE. – J'ai collé une gifle au patron qui me pinçait les
fesses. Je me suis fait renvoyer. Comme vous.

85 MARIE. – Et depuis, Mlle Georgette est payée par l'université
pour s'occuper d'Irène.

BICHRO. – Ce travail vous plaît mieux, j'imagine.

GEORGETTE. – C'est plus fatigant, c'est sûr, mais cette petite
peste m'a complètement entortillée et j'en suis gaga.

90 PIERRE. – Mlle Georgette fait merveille. Mieux que Marie ou
moi il faut bien le dire. Avec elle, Irène mange deux fois
plus vite.

GEORGETTE. – Y'a que l'landau. Que M. Curie a fait. Ça, je
m'habituerai jamais.

95 PIERRE, à Bichro. – C'est un landau que j'ai bricolé à partir de
nos deux vieux vélos.

GEORGETTE. – Au Luxembourg[1], ça fait scandale.

BICHRO. – À ce point-là ?

GEORGETTE. – Je vais vous montrer la chose.

100 *Elle sort.*

PIERRE. – Sacrée Georgette ! Et à part ça ?

BICHRO. – Ah ! j'oubliais. Je vous ai apporté le catalogue
complet de tout ce que j'ai fait breveter[2] sur le marché.

---

1. Le jardin du *Luxembourg* est un vaste parc parisien.
2. *Breveter* : voir note 1, p. 62.

Choisissez, tout le catalogue si vous voulez. C'est moi
105   qui régale.

Il sort un catalogue qu'il leur tend.

MARIE. – C'est très gentil.

PIERRE, *prenant et feuilletant.* – Voyons voir. Tondeuse pour
coiffeur, pinces à castrer, semoirs à haricots...

110 BICHRO. – Plutôt dans les dernières pages...

PIERRE. – Ah ! Oscilloscope[1]. Mais dis-moi, bel appareil !

BICHRO. – Je vous en mets un ?

PIERRE, *lui désignant un appareil du labo.* – Mon pauvre vieux :
nous venons de nous en faire payer un par Schutz. Un
115   modèle allemand.

BICHRO, *piqué[2].* – Ah ! oui, le Wolf und Linden. Je sais. Il est
mieux. À cause de lui, je n'en place pas un.

MARIE. – Tu démarches toi-même les laboratoires ?

BICHRO. – Façon de parler, à l'occasion. Bon, feuilletez,
120   dites-moi ce qui vous ferait plaisir.

PIERRE. – Nous pouvons le garder et te dire ça plus tard ?

BICHRO. – Mais bien sûr.

Retour de Georgette avec un landau complètement abracadabrant.
Haut sur pattes, quatre roues de vélo, un guidon en guise de barre
125 *de direction, un phare à l'avant, des sacoches de vélo sur les côtés,*
etc.

GEORGETTE. – Voilà la chose.

BICHRO. – Oui, en effet. Je comprends que ça impressionne.

PIERRE. – Tu ne le trouves pas bien ?

---

1. *Oscilloscope* : appareil de mesure de la tension électrique.
2. *Piqué* : vexé.

130 BICHRO. – Je n'ai pas dit ça mais…

MARIE. – C'est vrai que…

PIERRE. – Il te plaisait beaucoup

MARIE. – Je le trouvais astucieux. Je le trouvais économique. Mais esthétique, euh…

135 GEORGETTE. – Au Luxembourg[1] tout le monde nous regarde. Il y a tout un groupe de nounous comme moi avec qui j'essaye de causer mais dès que j'approche elles se carapatent[2] tous asinusses[3] !!

PIERRE. – Non, honnêtement, c'est cet objet qui fait fuir tout
140 le monde ?

GEORGETTE. – Tout le monde. Sauf un clochard avec sa poussette pleine de vinasse !

MARIE. – Non, c'est vrai Pierre, il faut peut-être investir dans quelque chose de décent.

145 PIERRE. – Mais ça coûte les yeux de la tête. Tu sais les frais que nous avons eus depuis sa naissance ? *(À Bichro :)* Tu n'as pas un landau dans ton catalogue ?

BICHRO, *qui inspecte le landau*. – Non mais j'ai peut-être une idée.

150 *Il sort son couteau suisse, commence à démonter le landau, dévisse, tortille, écarte, démantibule, redresse et réassemble en laissant la moitié de la ferraille sur le sol. Le résultat est saisissant. Un landau élégant et très allégé.*

BICHRO. – Et comme ça, qu'est-ce que vous en pensez ?

---

1. *Luxembourg* : voir note 1, p. 103.
2. *Se carapatent* (familier) : s'enfuient.
3. *Tous asinusses* : déformation de l'expression «tous azimuts», dans tous les sens.

155 MARIE. – Magnifique !

GEORGETTE. – Miraculeux !

PIERRE, *ronchon.* – Oui, c'est plus sobre. Encore que plus banal.

GEORGETTE, *l'essayant.* – Et regardez comme ça tourne
160   mieux ! Et pour les trottoirs, tac, c'est plus facile !

Georgette, grisée[1], fait des virages et des pointes de vitesse aux quatre coins du labo. Cette agitation a pour conséquence de réveiller soudain Irène, qui pleure dans son couffin.

PIERRE, *prenant Irène et l'installant dans le landau.* – Eh bien,
165   allez donc faire quelques essais au Luxembourg[2]. Et profitez-en pour acheter le dîner.

GEORGETTE, *sortant avec le landau.* – Au revoir monsieur
Bichron, ça m'a fait bien plaisir de vous revoir et encore
merci ! *(À Irène :)* On prend l'air de rien au Luxembourg.
170   Les regards jaloux de toutes ces bégueules[3], on fait
comme si on les voyait pas !

Elle sort.

MARIE, *à Bichro.* – Voilà un modèle de bécane[4] convertible en
landau à breveter[5] d'urgence !

175 BICHRO. – Ne crois pas ça ! L'innovation n'est payante que
si elle correspond à un besoin. J'ai fini par le comprendre. Ton quartz piézoélectrique[6], Pierre, par exemple, si

---

1. *Grisée* : heureuse.
2. *Luxembourg* : voir note 1, p. 103.
3. *Bégueules* (familier) : d'une grande pruderie.
4. *Bécane* : bicyclette.
5. *Breveter* : voir note 1, p. 62.
6. *Piézoélectrique* : voir note 4, p. 43.

tu l'avais breveté! Avec ce que vous avez découvert sur l'uranium, quelle fortune!

180 PIERRE. – Retarder sa diffusion par mercantilisme[1]? Quelle infamie[2]! Tu recommences avec ça?!

BICHRO. – Pas de dispute! Vivent les retrouvailles! Mais juste un mot en passant : si vous avez trouvé ces derniers temps un truc ingénieux pour, disons, capter, canaliser ou
185 convertir l'énergie émise par l'uranium, je suis preneur. Je vous dis ça à tout hasard. Maintenant que vous avez charge d'âme[3].

PIERRE, *froid*. – Bon, c'est noté.

BICHRO. – Sinon, vous en êtes où dans vos travaux?

190 PIERRE. – Marie piétine un peu. Moi je suis retourné à mes marottes[4].

BICHRO, *à Marie*. – Tu piétines?

MARIE. – On peut voir ça comme ça.

BICHRO. – La radioactivité?

195 MARIE. – Oui.

BICHRO. – Qu'est-ce qu'elle te raconte en ce moment la radioactivité?

MARIE. – Beaucoup de choses, mais rien qui colle.

BICHRO. – Par exemple?

200 MARIE. – C'est Scotland Yard[5]?

---

1. Mercantilisme : volonté de gagner de l'argent.
2. Infamie : honte.
3. Vous avez charge d'âme : vous avez un enfant à nourrir.
4. Marottes (familier) : idées fixes.
5. Scotland Yard : siège de la police anglaise.

BICHRO. – Non, pardon, vos recherches me passionnent, c'est tout. Pardon d'être indiscret.

PIERRE. – Allons, Marie, chez un scientifique la curiosité est une vertu cardinale[1].

205 BICHRO, *les étreignant chaleureusement.* – Marie a raison : c'est prématuré[2] ! Allez, allez : je vous laisse. Mais à bientôt. Bichro a refait surface.

Entre Schutz sur cette dernière réplique.

SCHUTZ. – C'est ce que je vois… *(Bichro a un réflexe de panique.*
210 *Schutz le rassure, bonhomme[3] :)* Tranquille, Bémont. Le passé est enterré. Vous ne refuserez pas de me serrer la main ?

Ils se serrent la main.

BICHRO. – Monsieur le professeur, les palmes[4] académiques vous donnent un teint superbe.

215 SCHUTZ. – Et vous la prospérité vous confère de la distinction. Qu'est-ce que vous devenez ?

BICHRO. – Justement, une de mes activités consiste à fournir du matériel expérimental aux laboratoires. J'ai apporté à Marie et à Pierre le catalogue de ce que je commercialise.
220 Le cas échéant, si vous voulez jeter un petit coup d'œil, je serais ravi de vous faire vingt pour cent.

SCHUTZ. – J'en serais heureux. Mais là je vais vous demander de nous laisser. Je dois absolument parler avec nos amis.

225 BICHRO. – Je me permettrai de reprendre contact avec vous.

---

1. *Vertu cardinale* : qualité indispensable.
2. *Prématuré* : trop tôt.
3. *Bonhomme* : gentil, bienveillant.
4. *Palmes* : voir note 1, p. 42.

SCHUTZ. – Excellente idée. Au revoir Bémont.

BICHRO, *assez obséquieux[1]*. – Au revoir M. le professeur. J'ai été très honoré. *(Sortant, à Pierre et à Marie :)* Au revoir mes amis !

230 *Il sort.*

Scène 2

SCHUTZ, *sortant un imprimé de sa poche.* – Mes enfants, j'en apprends une bonne. Les universités étrangères, qui, depuis votre découverte, ne savent plus comment se faire mousser[2], multiplient les offensives. Celle-ci, particulière-
235 ment perfide[3], nous vient comme il se doit d'Angleterre. Un certain Rutherford[4] publie ce matin dans le *Royal Scientific Magazine* une vingtaine de pages contestant toutes vos conclusions en bloc.

MARIE. – Nos conclusions ? Sur la radioactivité ?

240 SCHUTZ. – Un tissu d'inepties[5] bien entendu. L'uranium issu de la pechblende – une roche sordide qu'on ne trouve qu'en Autriche –, ne correspondrait pas aux normes de radioactivité que vous avez définies.

MARIE, *s'emparant de la publication.* – C'est impossible.

245 PIERRE. – De quelque roche qu'on l'extraie, l'uranium est l'uranium.

MARIE. – Et sa radioactivité constante.

---

1. *Obséquieux* : trop poli (péjoratif).
2. *Se faire mousser* (familier) : se mettre en valeur.
3. *Perfide* : traître.
4. *Rutherford* : voir note 1, p. 100.
5. *Inepties* : bêtises.

SCHUTZ. – Croyez bien que j'en suis persuadé. Nous allons donc rédiger un communiqué opposant un démenti formel à ces billevesées[1]. En plus, pour la presse d'opinion, je tiens de première main quelques informations croustillantes sur la vie privée de ce Rutherford[2] dont les journalistes feront leurs choux gras[3]. Il est cuit.

MARIE. – Rodolphe, ce n'est pas la bonne méthode. Avant de réagir, prenons connaissance de ce communiqué et refaisons, chiffres et commentaires à l'appui, toutes les expériences.

PIERRE. – Et restons, je vous en conjure, sur le terrain scientifique.

MARIE. – En attendant, motus[4] !

SCHUTZ. – Mais c'est que l'affaire tourne au scandale. Le recteur de l'académie m'a fait part dès dix heures de son «intense stupéfaction». Ce sont ses propres termes.

PIERRE. – Laissez dire. Rira bien qui rira le dernier.

SCHUTZ. – Vous pensez être en mesure de moucher ce rosbif[5] dans combien de temps ?

MARIE, *examinant le communiqué*. – Je dirais… Au plus tard dans deux mois.

SCHUTZ. – Deux mois ! Ah ! mais voilà quelque chose qui ne fait pas du tout mon affaire.

MARIE. – Pourquoi donc ?

---

1. *Billevesées* : absurdités.
2. *Rutherford* : voir note 1, p. 100.
3. *Feront leurs choux gras* (familier) : tireront profit.
4. *Motus* : silence.
5. *Rosbif* (familier) : Anglais (terme péjoratif).

SCHUTZ. – C'est que... J'ai eu la faiblesse d'écouter mon entourage et de me porter candidat au fauteuil vacant[1] de Besson à l'Académie des sciences. Si nous ne sommes
275 pas lavés de tout soupçon au plus tard dans trois semaines, nous ne serons jamais élus !

MARIE. – Le moment est en effet mal choisi. Retirez votre candidature. Dans deux mois au contraire vous aurez toutes vos chances.

280 SCHUTZ. – Mais c'est qu'il ne meurt pas un académicien tous les mois !

PIERRE, *finement*. – Sans être cynique[2], force est toutefois de remarquer que les immortels[3] ont un taux de mortalité très supérieur à la moyenne. Hu hu !

285 *Il a un petit rire espiègle[4].*

SCHUTZ. – En mettant les bouchées doubles[5] et si je vous donnais un coup de main, il n'y a pas une petite chance qu'en trois semaines ce soit torché[6] ?

MARIE, *continuant à feuilleter*. – Ce serait miraculeux. Il est allé
290 très loin dans ses expérimentations.

SCHUTZ. – Eh bien, soit. Mais ça ne fait décidément pas mon affaire. Si je retire ma candidature, je vais avoir l'air d'accréditer le doute.

---

1. *Fauteuil vacant* : place libérée dans une Académie par le décès de son titulaire..
2. *Cynique* : voir note 1, p. 61.
3. Les académiciens sont surnommés les «immortels». La plupart sont déjà âgés quand ils sont élus.
4. *Espiègle* : vif et malicieux.
5. *En mettant les bouchées doubles* (familier) : en travaillant encore plus.
6. *Torché* (familier) : fini.

PIERRE. – Simple péripétie.

295 SCHUTZ. – Facile à dire. À tous les coups Binet aura la chaise. D'où il va pouvoir me narguer tout son soûl[1]. Il a deux ans de moins que moi !

MARIE. – Il va falloir faire venir de la pechblende d'Autriche.

300 SCHUTZ, *sortant un carnet de sa poche*. – Commandez, commandez ! Vous avez carte blanche[2]. Mais essayez quand même de faire des miracles ! Trois semaines, ça laisse le temps de se retourner.

MARIE. – Je ne vous promets rien.

305 SCHUTZ. – Je vous demande seulement d'essayer. Allez ! Au charbon[3] !

Il part en laissant sur la table le carnet de commande[4].

Noir.

Scène 3

Il fait très chaud. Pierre est en chemise. Marie, la mèche en bataille[5], semble très contrariée par l'électromètre[6]. À ses pieds, un sac de minerai[7] avec des inscriptions en allemand.

---

1. *Tout son soûl* : autant qu'il le souhaite.
2. *Carte blanche* : une entière liberté.
3. *Au charbon* : voir note 1, p. 53.
4. Le carnet de commande permet d'obtenir des appareils et des matériaux payés par le laboratoire.
5. *La mèche en bataille* : décoiffée.
6. *Électromètre* : voir note 4, p. 43.
7. *Minerai* : masse minérale compacte contenant des substances chimiques en quantité assez importante pour qu'on puisse les extraire.

MARIE. – Ah, *kourrva*!!

310 PIERRE. – Qu'est-ce qu'il y a?

MARIE. – Un problème avec la pechblende. La radiation n'est pas homogène. Et trop forte. Ce Rutherford[1] a raison.

PIERRE. – Cette fois au moins on n'accusera pas mon appareil.

315 MARIE. – Justement, je me pose la question. Rutherford a effectué toutes ses mesures avec une réplique de ton électromètre. C'est mentionné dans le communiqué.

PIERRE. – C'est malheureux quand même! Dès qu'un truc ne colle pas on s'en prend à mon électromètre!

320 MARIE, *un ton trop fort*. – Mais enfin, Pierre, l'uranium est l'uranium!

PIERRE. – Inutile de crier. Ce n'est pas ma faute.

Entre Georgette, portant Irène.

GEORGETTE. – Eh ben il fait chaud! Quelle foule au Luxem-
325 bourg[2]. Tiens, j'ai revu le clochard. Heureusement qu'Irène regardait ailleurs: j'ai eu un choc, il est sorti d'un buisson. Il m'a montré son zizi en éruption[3], j'en suis tombée des dunes[4]!

PIERRE. – Il faudra le signaler aux gardes. Irène a été sage?

330 GEORGETTE. – À peu près. Bon, Mme Curie, pour le souper ce soir, on fait quoi?

MARIE, *distraite*. – Ce que vous voudrez.

---

1. *Rutherford*: voir note 1, p. 100.
2. *Luxembourg*: voir note 1, p. 103.
3. *En éruption*: déformation de «en érection».
4. *Tombée des dunes*: déformation de l'expression «tomber des nues» (des nuages), qui signifie «être très étonné».

GEORGETTE. – Disons du poulet.

MARIE. – Parfait.

335 GEORGETTE. – Ou alors un rôti de porc, ça fait longtemps.

MARIE, *agacée*. – D'accord.

GEORGETTE. – D'un autre côté j'ai vu du beau boudin chez le charcutier.

MARIE. – Faites à votre idée, Mlle Georgette, je ne peux pas
340 mieux vous dire.

GEORGETTE. – Ah! j'oubliais le plus beau. Vous savez quoi avec les voisins du dessus? Ceux dont la femme a un amant militaire? D'après la concierge…

MARIE. – Écoutez Mlle Georgette, je vous ai dit cent fois que
345 j'ai horreur des ragots.

GEORGETTE. – Sinon, ma sœur a fini par m'envoyer la recette du pithiviers.

MARIE, *sèche*. – Je m'en contrefiche!

GEORGETTE. – C'est parce que vous ne connaissez pas le
350 pithiviers de ma sœur…

MARIE. – Mais la barbe! Vous allez vous taire à la fin?

GEORGETTE, *blessée*. – Oh! très bien. J'étais venue un peu aux nouvelles et bavarder un petit moment. Mais très bien. Je ne parle plus à personne. À la maison je resterai dans
355 ma chambre…

MARIE, *regrettant*. – Excusez-moi Mlle Georgette. Je suis à cran[1]. J'ai des soucis comme vous n'imaginez pas.

GEORGETTE. – Vous n'avez qu'à vous confier à moi.

---

1. *À cran* : stressée.

MARIE. – Mais ce sont des soucis très compliqués.

360 GEORGETTE. – Dans la mesure de mes possibilités…

MARIE. – Je crains que vous ne puissiez pas grand-chose pour moi.

GEORGETTE. – Parce que j'ai pas d'instruction?

PIERRE. – Marie…

365 MARIE. – Oh! et puis après tout pourquoi pas? *(Elle prend son souffle :)* Mlle Georgette, je vais essayer de simplifier.

GEORGETTE. – Ben déjà, appelez Georgette tout court.

MARIE, *lui montrant une poudre dans une coupelle.* – Georgette, cela est de l'uranium. Un métal comme le plomb ou le
370 fer qui vient du fond d'une mine. On connaît l'uranium depuis toujours, seulement voilà, M. Curie et moi nous nous sommes rendu compte depuis peu de temps que l'uranium n'est pas un métal comme les autres. Figurez-vous qu'il dégage de l'électricité. *(Georgette a un mouve-*
375 *ment de recul.)* Et il y a mieux. Figurez-vous qu'il dégage en plus des rayons tellement pénétrants qu'ils peuvent traverser une feuille de carton fort, une planche de bois et même un matelas.

GEORGETTE. – Eh ben, comment ça se fait donc?

380 MARIE. – On n'en sait rien. Personne au monde à ce jour ne sait ni pourquoi ni comment. Monsieur Curie et moi avons seulement constaté ce… talent particulier de l'uranium. Il agit à distance, de façon invisible.

Elle fait le geste d'une propagation dans l'air.

385 GEORGETTE. – Comme la T.S.F.?

MARIE. – Exactement. Comme la radio. D'ailleurs j'appelle ce phénomène la radioactivité. Vous me suivez?

GEORGETTE. – Ben oui. C'est ça qui vous fait des soucis ?

MARIE. – Oui. C'est la radioactivité de l'uranium. Parce que
390   quand quoi que ce soit qui n'est pas un être vivant est
en activité précisément, un volcan, un nuage, de l'eau
qui bout, une bûche qui brûle, voyez-vous Georgette, ou
c'est de la physique, ou c'est de la chimie.

GEORGETTE. – Ah bon ? Une pomme de terre qui bout ?

395   MARIE. – C'est un phénomène de physique. Retirez la pomme
de terre, coupez le feu, le phénomène s'arrête. C'est de
la physique. En revanche, si vous plongez ce morceau de
craie dans du vinaigre. Je n'en ai pas là mais…

GEORGETTE. – Moi j'en ai. Dans mon cabas.

400   MARIE. – Donnez. *(Georgette sort la bouteille de vinaigre. Marie
la débouche, en remplit un tube à essai et plonge dedans le
morceau de craie. Un bouillonnement se produit. Marie, à
Georgette épatée :)* Là, voyez-vous, ça bouillonne aussi
mais sans chaleur induite, et si vous retirez la craie, ça
405   continue à bouillonner tant qu'il reste du vinaigre et de
la craie. C'est de la chimie. C'est une transformation.
Acide acétique plus carbonate de calcium égale : sel.

GEORGETTE. – Eh ben fichtre !

MARIE. – Alors, avec la radioactivité, la question était de savoir
410   si c'était un phénomène physique ou chimique. Eh bien,
vous savez quoi ? C'est de la physique. Qu'on le mouille
avec n'importe quoi, qu'on le mélange à n'importe
quoi, n'importe comment, qu'on le chauffe, qu'on le
refroidisse, l'uranium continue à « yoyoter [1] » comme dit
415   M. Schutz, c'est-à-dire à rayonner invariablement. Sans

---

1. **Yoyoter** : voir note 3, p. 93.

baisse ni interruption. Plus il y a d'uranium dans un mélange, plus le mélange est radioactif. C'est tout ce qui change. C'est de la physique !

GEORGETTE. – Mais je vous crois !

420 MARIE. – Vous n'êtes pas la seule. Je l'ai deviné, vérifié, démontré publié, tout le monde scientifique l'a constaté. ET VOILÀ MAINTENANT QUE J'AI CETTE ROCHE QUI VIENT D'AUTRICHE APPELÉE PECHBLENDE… *(Elle va au tableau et dessine)*

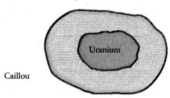

Caillou

… QUI CONTIENT UN PEU D'URANIUM ET BEAUCOUP DE
425 CAILLOUX, DISONS … *(Elle complète son dessin)*

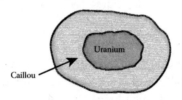

Caillou

… ET QUI, À POIDS ÉGAL, EST PLUS RADIOACTIVE QUE DE L'URANIUM PUR !! OR CE N'EST PAS POSSIBLE ! UN MÉLANGE DE ROCHE ET D'URANIUM NE PEUT PAS ÊTRE PLUS RADIOACTIF QUE DE L'URANIUM PUR ! PAS EN PHYSIQUE ! ET CE N'EST PAS
430 DE LA CHIMIE !!

GEORGETTE. – C'est peut-être autre chose que vous avez pas encore trouvé…

MARIE. – Autre chose ? Comment ça autre chose ??

GEORGETTE. – Une chose que vous allez sûrement trouver.
Dans la pêche blette[1]. Avec toute votre instruction…

MARIE. – Mais dans la pechblende on sait ce qu'il y a! Du bismuth, de la carnotite, de l'uranium et des impuretés. Et ni le bismuth ni la carnotite ne sont radioactifs!

Elle complète encore son dessin.

GEORGETTE. – Ben, alors c'est peut-être les impuretés qui yoyotent…

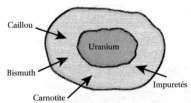

MARIE. – Mais ces impuretés ne contiennent même pas de métal. Comment voulez-vous qu'elles soient radio-actives?

PIERRE, *soudain très alerté.* – Tu as vérifié?

MARIE. – Non mais… S'il y en a c'est infinitésimal. S'il y avait du métal parmi ces impuretés, il faudrait qu'il soit des centaines de fois plus radioactif que l'uranium pour rendre le mélange plus radioactif que l'uranium pur! *(Un long temps. Pierre et Marie se regardent avec intensité.)* Tu… Tu crois que?

PIERRE. – On peut aisément le vérifier. Nous avons des résidus de pechblende dont tu as extrait tout l'uranium. Si, à poids égal, ce résidu est plus radioactif que de l'ura-nium, c'est une preuve! *(Il va à l'électromètre après avoir*

---

1. Pêche blette : déformation de pechblende.

pesé deux quantités égales de résidu et d'uranium.) Regardez bien ce cadran Mlle Georgette. D'abord l'uranium. L'aiguille monte à 75. Maintenant le résidu : L'AIGUILLE MONTE À PLUS DE 100 !! INCROYABLE !!

460 MARIE. – C'EST FANTASTIQUE ! MAIS… MAIS ALORS CE MÉTAL À L'ÉTAT DE TRACE SERAIT TELLEMENT RADIOACTIF QU'IL FAUDRAIT L'APPELER… LE RADIOACTUM…

PIERRE. – LE… RADIONUM…

MARIE. – LE RADIUM !

465 PIERRE. – LE RADIUM !

Silence et grande émotion entre Pierre et Marie.

GEORGETTE. – Bon, ben si vous avez plus besoin de mes services…

Elle sort.

470 MARIE, *à Pierre.* – Mais ce radium, pour contrer Rutherford[1], il ne va pas suffire de le détecter. Si on veut vraiment faire une démonstration décisive, il faut en extraire. Mettons qu'il soit dilué à un cent millième dans la pechblende, quel poids de pechblende faudrait-il raffiner pour en
475 avoir un gramme ?

PIERRE. – Une tonne si je sais compter.

MARIE, *prenant le carnet de commande laissé par Schutz.* – On va en commander deux tonnes, pour faire bon poids.

Noir.

---

1. ***Rutherford*** : voir note 1, p. 100.

Scène 4

Quelques jours plus tard. Le tableau noir a été relégué dans un coin, ainsi que l'essentiel du matériel.

Ce qui avertit que du temps a passé, ce sont deux piles de sacs, les vides, nombreux et soigneusement empilés, les pleins, au nombre de six ou sept alignés près de la porte. La table centrale et les plans de travail sont occupés par des récipients qui vont, par ordre de taille décroissante, du chaudron à l'éprouvette. À l'intérieur de ces récipients, de la pechblende à différents stades de raffinage[1]. Pierre et Marie, presque nus et couverts de poussière de pechblende, ont l'air épuisé. Marie a un fichu[2] sur la tête. Elle tourne du minerai[3] dans un grand chaudron à l'aide d'une longue tige de fer. Pierre vide le fond d'un sac dans le chaudron et va empiler le sac vide puis, se massant les reins, vient regarder la pechblende en fin de raffinage, dans le tube à essai.

480 PIERRE. – Il est décourageant ce bismuth[4]. J'ai tout essayé. Je lui présente les molécules les plus affriolantes[5]. Il reste de marbre[6].

MARIE. – Il finira bien par craquer.

PIERRE. – Je te remplace un peu.

485 *Il la relaie au chaudron. Marie vient poser une fesse sur un coin du plan de travail.*

---

1. *Raffinage* : opération qui permet de séparer les substances d'un produit.
2. *Fichu* : foulard.
3. *Minerai* : voir note 7, p. 112.
4. *Bismuth* : élément atomique.
5. *Affriolantes* : attirantes.
6. *Reste de marbre* : voir note 3, p. 92.

MARIE. – On en est à combien déjà ?

PIERRE. – On approche la tonne gentiment. Le tas dehors a diminué de moitié.

490 MARIE. – Seulement ?

PIERRE. – Tu te décourages ?

MARIE. – Pas du tout. Mais ça me rappelle les Pyrénées. J'ai hâte de passer le sommet.

PIERRE. – Le sommet ne s'évalue pas en tonnes de pechblende
495 mais en milligrammes de radium. Tant qu'on ne l'aura pas séparé du bismuth, c'est comme si nous n'avions rien fait. Pour ainsi dire nous sommes toujours dans les faubourgs de Pau.

MARIE. – Eh bien, toi au moins tu es encourageant !

500 *Entre Schutz, accompagné du recteur de Clausat.*

SCHUTZ. – Mes amis, M. le recteur d'académie veut absolument vous voir. Attention aux sacs, M. le recteur.

DE CLAUSAT. – Mais quel chantier, grands dieux ! Bonjour mes amis.

505 PIERRE, *vague signe de tête*. – M. le recteur…

Marie se contente d'un vague signe de tête, sans parler.

DE CLAUSAT. – J'ai voulu vous parler parce que la situation
est très délicate. Des quatre coins du monde, la communauté scientifique française est assaillie de questions plus
510 ou moins courtoises sur ce qui est en train de devenir
une affaire d'État. Si la radioactivité, comme Rutherford[1]
semble le suggérer, n'est au final qu'un dégagement
d'énergie consécutif à une réaction chimique lente entre

---

1. *Rutherford* : voir note 1, p. 100.

l'uranium et la roche qui le contient, le monde entier va
515 crier à l'imposture. Le professeur Schutz m'assure qu'il
n'en est rien mais je voudrais que vous me le confirmiez
vous-mêmes.

PIERRE, *désignant le labo*. – Nous nous y employons M. le
recteur.

520 DE CLAUSAT. – Toute cette pechblende, c'est pour en extraire
l'uranium ?

PIERRE. – Hon hon…

DE CLAUSAT. – C'est stupide ! L'université pouvait vous
procurer de l'uranium de pechblende déjà raffiné !

525 MARIE. – M. le recteur, un peu de patience !

SCHUTZ. – De la patience, ces messieurs de l'académie en
ont eu plus que de raison ! Enfin, Pierre…

DE CLAUSAT. – Si vous ne me dites pas quoi répondre aux
questions, de quoi allons-nous avoir l'air ?

530 PIERRE. – De scientifiques silencieux. Mais vous pouvez dire
que nous travaillons.

DE CLAUSAT, *montrant la pechblende*. – Qu'êtes-vous en train
d'essayer de prouver avec tout ça ? À moi, vous pouvez
bien le dire !

535 PIERRE. – Je regrette : ni à vous ni à personne.

SCHUTZ. – Oh ! Pierre !

DE CLAUSAT. – Mais ! Mais je suis votre supérieur hiérarchi-
que !

MARIE. – Oui, mais comme en physique moléculaire vous
540 n'y entravez que pouic[1], tout ce que vous faites c'est de

---

1. *Vous n'y entravez que pouic* (familier) : vous n'y comprenez rien.

nous retarder. On vous dit d'attendre ! Qu'on nous fiche la paix !

DE CLAUSAT. – Je quoi ? Je n'y entrave que pouic ?

MARIE. – Oui, rien, pas une broque[1]. Avouez-le !

545 SCHUTZ. – Tout de même ! Un peu de respect !

De Clausat arrête Schutz d'un geste signifiant : « Laissez, je suis capable de faire face à la situation. »

DE CLAUSAT. – C'est exact madame. De même qu'en astronomie, pour vous Uranus ou orbite sont sûrement des
550 obscénités !

MARIE. – Uranus est la septième planète du système solaire. Une orbite est la trajectoire elliptique…

DE CLAUSAT, *la coupant, très sec*. – Qu'appelle-t-on périhélie ? Plan galactique ? Quelle est l'étoile la plus proche de
555 nous ? À quelle distance est-elle ?

MARIE. – Qu'est-ce que vous cherchez à prouver ?

DE CLAUSAT, *de plus en plus échauffé*. – Rien. À mon âge on n'a plus rien à prouver ! Je cherche simplement à vous faire comprendre qu'on ne m'a pas nommé recteur
560 d'académie pour mes connaissances encyclopédiques dans toutes les disciplines mais pour faire marcher en France la boutique des sciences expérimentales ! ! !

MARIE. – Je ne vous en empêche pas !

DE CLAUSAT. – Si ! En me refusant de l'information !

565 MARIE. – Mais c'est précisément pour vous donner toute l'information d'un coup que nous demandons un peu de temps, bordel ! ! !

---

1. *Broque* : voir note 4, p. 57.

DE CLAUSAT. – Quant à la grossièreté de votre langage, elle ne m'en impose pas[1] ! à vingt ans j'ai fait la campagne de Crimée[2] moi madame ! Et en langue verte[3] je pourrais vous rendre des points ! !

MARIE. – S'il faut avoir tué son prochain pour être recteur d'académie, je commence à comprendre certaines choses…

DE CLAUSAT. – Non, mais avoir mis ses idées en pratique permet de respirer librement. Parce que nous les Russes, à Menchikov, nous leur avons mis la pâtée[4], alors que vous en Pologne vous les avez toujours ! !

MARIE, *glaciale*. – Si vous en veniez au fait monsieur le recteur ?

DE CLAUSAT, *martelant ses mots à coups de poing sur la table*. – MAIS COUILLE DE LOUP DE CHIERIE DE PINE D'OURS ! ALLEZ-VOUS – OUI OU MERDE – ME DIRE CE QUE VOUS BRANLEZ AVEC CETTE CAILLASSE ?

MARIE. – Je regrette mais c'est non.

PIERRE. – C'est prématuré[5].

DE CLAUSAT, *avec une rage froide et désormais contenue*. – Bien. Quels que soient les résultats de vos recherches, vous me mettez actuellement dans une position très difficile et je ne suis pas près de l'oublier. Rodolphe, je n'importunerai plus vos collaborateurs par mes visites ! !

Il sort furieux, manquant s'étaler sur les sacs.

---

1. *Ne m'en impose pas* : ne m'impressionne pas.
2. *Campagne de Crimée* (1853-1856) : guerre dans laquelle une coalition, dont faisait partie la France, s'opposa à l'Empire russe.
3. *Langue verte* : langage grossier.
4. *Nous leur avons mis la pâtée* (familier) : nous les avons battus.
5. *Prématuré* : voir note 2, p. 108.

SCHUTZ. – Non mais ça ne va pas ? Vous vous croyez où ? Avez-vous la moindre idée des conséquences pour moi de cette réaction ?

595 PIERRE. – Rodolphe, je sais que c'est difficile pour tout le monde, mais tenez bon !

SCHUTZ. – Tenir bon ? Je viens de recevoir la facture de votre pechblende d'Autriche. Les deux tonnes, vous savez à combien ça chiffre ? Trois mille francs ! Plus deux mille 600 francs de transport depuis Saint-Joachimstahl ! Deux ans de salaire d'un ouvrier ! Vous mettez l'École en déficit, et quand le recteur vient s'informer vous le foutez à la porte ? ?

PIERRE. – Rodolphe, nous sommes sur le point de faire une 605 découverte décisive.

MARIE. – Qui vous fera élire tout droit à l'Académie. Patience.

SCHUTZ. – Tricheurs ! Imposteurs ! Bandits ! Escrocs ! Vous vous en êtes tirés il y a quatre ans avec une pseudo-610 découverte ! Aujourd'hui le vernis s'effrite : vous posez aux terrassiers[1] martyrs de la science pour faire illusion mais ça ne prend plus ! Même de Clausat est conscient de l'absurdité d'un tel déploiement de poudre aux yeux. Deux tonnes de poudre aux yeux, on peut dire que vous 615 n'y allez pas avec le dos de la cuillère[2] ! !

MARIE. – Je ne vous permets pas !

SCHUTZ. – Je vous donne quinze jours pour publier un communiqué. Au terme de quoi je vous désavoue[3]

---

1. *Terrassiers* : ouvriers chargés de travaux pénibles.
2. *Avec le dos de la cuillère* (familier) : doucement.
3. *Je vous désavoue* : je vous retire mon appui.

publiquement ! Et vous avez de la chance qu'on soit en
620 été sinon je coupais le charbon !

Il sort, fou de rage.

*Pierre et Marie, en silence, continuent de travailler. Ils n'ont pas
cessé depuis la sortie du recteur.*

Entre Georgette, l'air boudeur.

625 GEORGETTE. – Voilà, euh, j'ai à vous parler.

PIERRE. – Plus tard Georgette, plus tard.

GEORGETTE. – Non, maintenant. Parce que c'est pas facile.

PIERRE. – Bon, mais vite.

GEORGETTE. – Je rends mon tablier[1].

630 PIERRE. – Comment ?

MARIE. – Mais pourquoi ?

GEORGETTE. – On me propose une autre place. Chez les
Boucicaut. Des gens très bien.

MARIE. – C'est-à-dire pas comme nous…

635 GEORGETTE. – C'est-à-dire des gens qui ont un peu de vie de
famille. Qui voient un peu leurs enfants. Qui rentrent pas
tous les jours poussiéreux des pieds à la tête. Qu'ont pas
de dettes chez les commerçants.

MARIE, *griffonnant un mot qu'elle lui tend*. – Très bien Georgette.
640 Je vais vous demander d'aller porter Irène chez ma sœur
et de lui remettre ce mot. Après, vous pourrez filer chez
les Boucicaut. Au revoir et merci pour tout.

PIERRE. – Au revoir Georgette.

---

1. *Je rends mon tablier* (familier) : je démissionne.

GEORGETTE. – Eh bien, le moins qu'on puisse dire c'est que
645 vous prenez ça bien. Comme quoi on est de la crotte,
hein. On se crève la paillasse pour ses patrons et eux
ils s'en tamponnent[1] ! Eh ben, je vais vous dire : c'est
vous qui êtes du caca ! Faire des études pour finir par
trimer[2] comme des ouvriers avec quand même le mépris
650 de l'ouvrier, j'appelle ça du... du... du pipi de chat !

Elle prend le mot de Marie et sort, claquant la porte. Pierre et Marie
continuent de travailler. La porte s'ouvre à nouveau. Air exaspéré
de Pierre. C'est Bichro.

BICHRO. – Qu'est-ce que vous avez fait à Mlle Georgette ? On
655 tombe nez à nez et vlan, elle m'envoie dans le décor.

MARIE. – Nous ne sommes pas assez convenables. Nous
avons des dettes.

BICHRO. – Le fait est que quand on vous voit comme ça...

PIERRE. – Eh bien ?

660 BICHRO. – Je ne sais pas ce que vous cherchez en concas-
sant du rocher comme deux forçats mais vous avez l'air
pitoyable.

PIERRE. – Tu crois que ça nous amuse ? Tu crois que nous
n'avons pas une bonne raison ?

665 BICHRO. – Oh ! je n'en doute pas. Mais au risque de radoter,
vous pourriez au moins vous payer de la main-d'œuvre
si tu avais bien voulu me confier...

PIERRE. – Un brevet[3] ! Mais j'en ai ras la barbiche de tes
brevets ! Je crois que la science doit rester pure ! Pure,

---

1. *Ils s'en tamponnent* (familier) : cela leur est égal.
2. *Trimer* : voir note 3, p. 58.
3. *Brevet* : voir note 1, p. 43.

670 tu m'entends ? Et j'ai bien raison parce que toi, la vérité
c'est que le commerce t'a aspiré, englouti ! Ton but était
de financer tes recherches et qu'est-ce que tu as cherché
depuis quatre ans à part du fric, toujours plus de fric ?
Rien de rien !

675 BICHRO. – Je m'y remets.

PIERRE. – Quatre ans de foutus ! Pour de l'argent ! Crois-moi,
il y a des métaux autrement plus intéressants !

BICHRO. – Mais c'est facile de se moquer de l'argent ! Quand
on est fils de médecin et qu'on a toujours pété dans la
680 soie[1] !

PIERRE. – Moi ? Pété dans la soie ?

BICHRO. – Plus que moi ! Qui suis fils d'épicier ! Vis-à-vis de
ma famille qui s'est sacrifiée pour moi, je dois donner
des signes d'opulence[2]. Ma mère a débité de la scarole[3]
685 pendant quarante ans avec des engelures[4] pour me voir
porter des guêtres[5], alors je porte des guêtres. Et une
fois par semaine je les emmène au café-concert boire de
l'absinthe[6] et écouter Bruant[7] beugler que sur la route
de Louviers il y avait un cantonnier et qu'c'était un foutu
690 métier et moi ça me plaît et je ne permets pas à un loqueteux[8] pathétique de me faire la leçon !

---

1. **Pété dans la soie** (familier) : vécu dans le luxe.
2. **Opulence :** richesse.
3. **Débité de la scarole** : vendu de la salade.
4. **Engelures** : blessures causées par le froid.
5. **Guêtres** : voir note 4, p. 73.
6. **Absinthe** : alcool fort.
7. **Aristide Bruant** (1851-1925) : célèbre chansonnier parisien.
8. **Loqueteux** : voir note 2, p. 90.

PIERRE. – Hors d'ici! Ta scarole, tes engelures, ton absinthe, tes guêtres et ton Breton, tu sais où tu peux te les mettre?

695 BICHRO, *sortant en claquant la porte*. – Il me semble!

Un temps. Marie retourne vaquer au chaudron. Soudain elle se fige et chancelle sur place, prise d'un malaise. Pierre se précipite. Il va pour la prendre dans ses bras mais elle s'est déjà ressaisie. Elle repousse gentiment mais fermement le soutien de Pierre.

700 PIERRE. – Marie, qu'est-ce que tu as?

MARIE. – Rien. Sans doute la chaleur. Ça va mieux. C'est passé.

PIERRE. – Tu es épuisée. Je suis complètement irresponsable moi, de te laisser trimer[1] ici!

705 MARIE. – C'est passé, c'est passé.

PIERRE. – Je vais te ramener à la maison.

MARIE. – Mais non, simple passage à vide.

PIERRE. – Je ne veux plus que tu travailles ici.

MARIE. – Quoi?

710 PIERRE. – Je vais finir de raffiner cette pechblende tout seul: ce n'est pas un travail de femme. Tu reviendras pour la phase finale.

MARIE. – Non mais tu plaisantes?

PIERRE. – Je suis très sérieux.

715 MARIE. – Tu n'as pas le droit.

PIERRE. – Ah non? Je n'ai pas le droit d'empêcher ma femme de s'user la santé?

MARIE. – Non, tu n'en as pas le droit.

---

1. *Trimer* : voir note 3, p. 58.

PIERRE. – Pourquoi ? Pourquoi te laisser t'échiner[1] à des
720 tâches ne nécessitant aucun talent scientifique alors que
nous en sommes à confier Irène à ta sœur ?

MARIE. – Pourquoi ? Tu demandes pourquoi ?

PIERRE. – Oui. Je te demande pourquoi.

MARIE. – Parce que je m'amuse ! Ici je m'amuse !!

725 PIERRE. – Tu… Tu t'amuses ??

MARIE. – Oui : comme une folle. Il y a ici, dans ces chaudrons,
un métal inconnu, surnaturel, ça va faire un barouf
insensé dans le landerneau[2] scientifique mondial, j'ai la
chance d'être pour moitié dans cette découverte – moi
730 une femme, moi une Polack[3] ! –, je n'aurais jamais rêvé
être à pareille fête quand je m'occupais d'enfants pour
payer mes études et tu voudrais que je rentre torcher
Irène pour un petit étourdissement ? Dis donc, Pierre,
qui crois-tu avoir épousé ?

735 PIERRE. – Une grande âme. Un grand cerveau. Une très
grande scientifique.

MARIE. – Tu m'attribues des qualités morales ?

PIERRE. – Bien sûr : l'abnégation, le désintéressement, le
dévouement, le sens du sacrifice…

740 MARIE. – Ah ! oui, voilà, c'est ça, c'est tout le malentendu. Tu
me vois comme une sorte de Thérèse de Lisieux[4] de la
science en quelque sorte ?

---

1. *T'échiner* (familier) : t'épuiser.
2. *Faire du barouf* [ou du bruit] *dans le landerneau* : expression
imagée qui signifie «provoquer beaucoup de réactions».
3. *Polack* (familier) : Polonaise (ce terme est d'ordinaire péjoratif).
4. *Thérèse de Lisieux* (1873-1897) : religieuse française canonisée (faite
sainte) par l'Église catholique.

PIERRE. – Non mais… cette image n'est pas tout à fait fausse, même si tu le dis ironiquement.

745 MARIE, *avec une totale honnêteté.* – Eh bien, cette image est fausse ! Je ne marche pas, mais alors pas du tout, au sacrifice ni au dévouement ! Comme quoi on peut vivre à côté de quelqu'un sans le connaître… Je marche au plaisir, Pierre, uniquement au plaisir ! Le plaisir de
750 chercher, de trouver, de comprendre ! Le plaisir de battre nos concurrents sur le poteau ! Le plaisir de la science, Pierre ! Pour moi c'est complètement physique ! C'est… c'est une drogue ! Loin d'avoir le sentiment de ME sacrifier, j'ai le sentiment de tout sacrifier à cette DROGUE ! Tu
755 saisis la nuance ?

PIERRE. – Si je comprends bien tu te considères comme une sorte d'égocentrique monomaniaque à tendance perverse ?

MARIE. – Exact !

760 *Tous les deux se sourient, affectueusement complices.*

PIERRE. – Dont le vice est de fourrer son nez dans les secrets de la matière ?

MARIE. – Tout juste !

PIERRE. – Et alors, touiller de la pechblende jusqu'à épuise-
765 ment fait partie de ce plaisir malsain ?

MARIE. – On ne peut rien te cacher. *(Il lui ouvre les bras. Elle vient s'y blottir.)* Il ne faut pas me renvoyer à la maison.

Un temps. Ils restent enlacés, seuls au monde. Puis soudain Marie a comme un sursaut.

770 PIERRE. – Qu'y a-t-il ?

■ L'amour de la science fait place à l'amour tout court, inscrivant la pièce de Jean-Noël Fenwick dans le registre de la comédie.

MARIE. – Dis donc, pour détacher le radium du bismuth, on n'a essayé aucun gaz ?

PIERRE. – Non, aucun, tu penses à quoi ?

MARIE. – À de l'hydrogène sulfureux.

775 PIERRE. – De l'hydrogène sulfureux ? *(Il réfléchit un court instant.)* Ma foi… c'est une idée !

Il va chercher une bouteille de gaz et la visse à l'envers sur un support de métal. Il verse la poudre dans un bocal qu'il vient visser tête-bêche sur le support. Il ouvre le décompresseur[1]. Une réaction
780 *chimique se produit dans le bocal. Une brume se fait, se dissipe. Les parois du bocal restent couvertes d'un voile grisâtre.*

MARIE. – Il y a eu une réaction !

Pierre ouvre le bocal, passe un coton sur la paroi et vient l'analyser à l'électromètre.

785 PIERRE. – L'AIGUILLE EST AU MAXIMUM ! COLLÉE AU PLAFOND !
C'EST DU RADIUM PUR !

MARIE. – ON A TROUVÉ !

Ils dansent de joie tous les deux. Ils chantent et dansent, par exemple la Carmagnole[2], de façon échevelée[3].

790 *Puis, retrouvant leur sérieux.*

PIERRE, *montrant les sacs de pechblende.* – Il n'y a plus qu'à piler, dissoudre, filtrer, précipiter, recueillir et cristalliser comme ça mille fois de suite et on est bons ! Pas de temps à perdre ! On s'y remet !

795 MARIE. – Il y a plus urgent.

---

1. *Décompresseur* : élément d'une bouteille de gaz qui permet de diminuer la pression du gaz.
2. *Carmagnole* : chant populaire de la Révolution française.
3. *Echevelée* : vive et joyeuse.

Elle va fermer à clé la porte du labo.

PIERRE. – Quoi donc? *(Marie déboutonne sa robe d'été d'un air résolu)* Ici?

MARIE. – Sur les sacs.

800 *Pierre commence aussitôt à se déboutonner à son tour.*

Noir.

Scène 5

Le labo, vers 7 heures du matin. Tout est rangé, nettoyé, balayé. Le tas de sacs vides a doublé. Sur ce tas, gît sans connaissance le professeur Schutz. Deux bouteilles d'alcool, vides, ont roulé par terre.
Pierre et Marie entrent la mise négligée[1] mais l'œil frais.

PIERRE. – Tu n'avais pas fermé à clé hier soir en partant?

MARIE. – J'aurais juré que si.

PIERRE. – Et l'armoire?

805 MARIE. – Regarde vite!

Pierre file à l'armoire, sort une clé, l'ouvre après trois tours, en sort une malle métallique qu'il vient poser sur la table. Il en ouvre le cadenas et en sort une petite caisse. Il la décloue. Dedans, un petit coffre à combinaison. Dedans, une boîte noire avec une serrure.
810 *Dedans, un tube à essai et une minuscule poudre grise, le tube étant clos par un bouchon de liège.*

MARIE. – Ouf! Il est là!

PIERRE, *apercevant Schutz.* – Rhhah!

_____

1. La mise négligée : les vêtements mal mis.

MARIE. – Schutz !

815 PIERRE. – Qu'est-ce qu'il fait là ?

MARIE. – Tu crois qu'il est mort ?

Pierre s'avance et touche la main de Schutz.

PIERRE. – Il est chaud. Schutz ! Schutz Rodolphe !

Pas de réaction.

820 MARIE. – Il respire ?

Pierre s'approche.

PIERRE. – Il empeste le cognac[1]. *(Découvrant et montrant à Marie les deux bouteilles :)* Il est ivre mort.

Il soulève la paupière de Schutz, sans réaction.

825 MARIE. – Pour qu'il se soit soûlé comme ça, ça doit aller mal.

PIERRE. – C'est la pression.

MARIE. – Il a bu de la bière en plus ?

PIERRE. – La pression scientifique internationale. Elle porte
830 entièrement sur lui. Il a sauté, comme un fusible. Trop de tension.

MARIE. – Essayons de le réveiller.

Ils s'y mettent à deux, essaient tout : les claques, lui faire respirer de tout. Rien n'y fait. On frappe à la porte. Ils le recouvrent de
835 *quelques sacs. Et cachent le tube à essai.*

PIERRE. – Entrez !

C'est Bichro, une valise à la main.

BICHRO. – C'est encore moi.

---

1. Cognac : voir note 1, p. 34.

PIERRE. – Gustave, ne le prends pas mal mais tu ne peux plus
passer comme ça après ce que nous nous sommes dit. Tu
nous déranges.

BICHRO. – Mea-culpa[1]. Je suis venu m'excuser. Tu m'as ouvert
les yeux. J'ai vendu tous mes brevets[2], je me suis enfermé
dans mon labo et je n'en suis plus sorti avant de donner
naissance à ceci.

Il désigne sa valise.

PIERRE. – Qu'est-ce que c'est ?

BICHRO. – Le spectroscope Bémont. Le premier appareil
au monde à pouvoir non seulement détecter mais aussi
photographier la raie spectrale de tous les corps simples
existants !

PIERRE. – Tu plaisantes ?

BICHRO, *sortant des tirages photo.* – Tiens, regarde, tu ne reconnais pas le fer ? le nickel ? le soufre ?

MARIE. – Fantastique !

BICHRO. – Et vous savez quoi ? Hier, j'ai déposé le brevet en
spécifiant que je le mettais dans le domaine public !

PIERRE. – Tu as fait ça ?

BICHRO. – Je l'ai fait.

MARIE. – Tu es dans ton état normal ?

BICHRO. – Pour la première fois de ma vie. *(Il sourit.)* Je vous
le fais fonctionner ?

PIERRE. – Avec joie.

---

1. *Mea-culpa* : locution latine qui signifie «c'est ma faute».
2. *Brevet* : voir note 1, p. 43.

Bichro pose sa valise sur la table et en déploie tout un appareillage.
865 *Il leur tend un jeu de plaques de verre.*

BICHRO. – Tenez, mettez-moi ce que vous voulez sur ces plaques. Je vous dis ce que c'est uniquement en regardant dans mon appareil. *(Tandis que Pierre et Marie préparent des lamelles, il finit de fourbir[1] son spectroscope. Quand*
870 *tout est prêt, il va brancher la prise. Il visse son œil à un viseur et tend la main vers Pierre et Marie.)* Allons-y. *(Ils lui tendent les lamelles une à une. Il les visionne et annonce à chaque fois le résultat après quelques secondes.)* Phosphore… manganèse… sodium… fluor… plomb… béryllium…

875 MARIE. – Fabuleux !

BICHRO. – Tout ce qui existe, je vous dis ce que c'est. Allons, suivant !

PIERRE. – Un instant !

Marie et lui se sont compris. Ils ressortent le tube à essai, l'ouvrent
880 *avec mille précautions et en prélèvent une infime partie qu'ils frottent sur une lame. Pierre la tend à Bichro.*

BICHRO, *l'œil vissé à son appareil.* – Et ça… Attendez voir c'est du… Pas de l'or mais du… eh non, pas non plus du platine c'est du… Ah ! ça y est : mon appareil est déréglé !

885 PIERRE. – On peut voir ? *(Bichro, à contrecœur, les laisse regarder tandis qu'il vérifie son mécanisme.)* Tu ne connais pas. C'est du radium.

BICHRO. – Du quoi ?

MARIE. – Du radium.

890 PIERRE. – Un nouveau métal. C'est ça qu'on cherchait.

MARIE. – Trois cents fois plus radioactif que l'uranium.

----

1. Fourbir : préparer.

PIERRE. – Poids atomique 211,86 !

MARIE, *exhibant le tube à essai.* – En voici un peu plus d'un gramme.

895 BICHRO. – Vous déconnez ?

PIERRE. – On a l'air ?

Un temps Bichro, estomaqué, examine et réfléchit, de plus en plus abasourdi et émerveillé.

BICHRO. – Je… Vous permettez que je le photographie ?

890 MARIE. – Qu'est-ce que tu attends ?

BICHRO, *préparant l'opération.* – Ils ont trouvé un nouveau métal. Rien de moins. Ces deux allumés ont découvert un métal encore plus dingue que l'uranium. Ici. Dans ce bocal putride[1] qui sent les fonds de sandales. Allez, petit
895 radium, un sourire à Bichro ! *(Il presse sur un bouton. Puissant bourdonnement, puis silence.)* Il n'y a plus qu'à développer la plaque. *(À Marie :)* Tu es toujours équipée ?

MARIE. – Donne.

Marie sort du placard son matériel à développement. Elle se met
900 *aussitôt au travail. Après un temps, entre Georgette. Air soumis mais résolu.*

GEORGETTE. – Si je vous dis que je reviens m'occuper d'Irène, vous me bottez le cul ou vous acceptez ?

PIERRE. – Mais… Et les Boucicaut ?

905 GEORGETTE. – M'en parlez plus jamais. Les lardons[2], pour les fagoter[3] c'était chichis et compagnie, une seule demi-

---

1. *Putride* : en train de pourrir.
2. *Lardons* (familier) : enfants.
3. *Fagoter* : voir note 5, p. 57.

journée de congé par semaine, fallait manger à part, tiens : regardez c'qu'y fallait s'mettre sur la tête *(elle sort et met une charlotte[1] grotesque)* comme casaque[2] et avec ça pas de pinard[3] et toujours parler comme si y avait une troisième personne. La mère m'a collé une baffe parce que je fumais en promenant les gosses, je lui ai mis un pain[4], m'en parlez plus jamais ! *(Un temps.)* Vous me reprenez ?

915 PIERRE, *à Marie*. – On la reprend ?

MARIE. – Confidence pour confidence, Irène est insupportable depuis que vous êtes partie. Elle fait tourner ma sœur en bourrique.

GEORGETTE. – Évidemment, votre sœur a jamais habité la campagne. Pour avoir le dessus avec c'te chipie, il faut s'être fait la main avec les bêtes.

Bichro, ravi, va s'asseoir sur le tas de sacs où se trouve Schutz.

BICHRO. – Vous l'avez dit à Schutz pour le radium ?

PIERRE. – Pas encore.

925 BICHRO. – Qu'est-ce que vous attendez ?

PIERRE. – Qu'il ait fait surface.

BICHRO. – Pourquoi, où est-il ?

PIERRE. – Tu es assis dessus.

Bichro sursaute. Il fouille dans les sacs et découvre Schutz.

930 BICHRO. – Qu'est-ce qu'il fait là ?

---

1. *Charlotte* : coiffe.
2. *Casaque* : ici, uniforme.
3. *Pinard* (familier) : vin.
4. *Pain* (familier) : coup de poing.

PIERRE. – Il s'est soûlé dans le labo apparemment.

BICHRO. – Mais il faut le réveiller !

PIERRE. – Laisse-le cuver[1]. On a tout essayé. J'aimerais mieux que tu m'aides à le porter dans son bureau.

935 GEORGETTE. – Vous voulez que j'aille chercher le landau ?

BICHRO. – Attendez : avant tout, je range mon matériel et toi ton radium.

Bichro, en repliant son matériel, débranche le cordon électrique au point d'alimentation sur l'appareil mais la prise est toujours
940 *branchée. Il écarte le cordon qui va échouer sur Schutz. Lequel se retrouve électrocuté. Il se met à tressauter comme un beau diable. Bichro se rue pour débrancher la prise.*

SCHUTZ, *encore secoué de spasmes.* – C'est une méprise ! Vous venez de fusiller un innocent ! Je ne suis pas le capitaine
945 Dreyfus[2] ! Cessez le feu !

BICHRO. – Schutz ! Schutz ! C'est moi ! Bichro !

SCHUTZ. – Qu'est-ce que vous faites chez moi ?

BICHRO. – Nous sommes à l'École. Dans le labo des Curie.

SCHUTZ. – Oh ! ma tête ! Mais qu'est-ce qui s'est passé ?

950 PIERRE. – Vous auriez trop bu que ça ne m'étonnerait pas…

SCHUTZ. – Oh ! mon Dieu, Binet !

PIERRE. – Quoi Binet ? Votre ami Binet ?

SCHUTZ. – Il est mort.

---

1. *Cuver* (familier) : digérer l'alcool bu en dormant.
2. *Capitaine Dreyfus* : officier condamné à tort pour trahison, parce qu'il était juif. Cette injustice provoqua un grand débat dans la société française à partir de 1898 – lorsque l'écrivain Émile Zola prit parti pour le capitaine Dreyfus – jusqu'en 1906, année où il fut réhabilité.

PIERRE. – Quand ?

955 SCHUTZ. – Hier soir.

MARIE. – Où ?

SCHUTZ. – Dans mes bras.

MARIE. – Comment ?

SCHUTZ. – En sortant du restaurant. On n'a rien pu faire. Il
960 a été saisi de nausées. Il est tombé, il s'est étouffé, là, sur
le trottoir.

BICHRO. – Personne n'a pu lui dégager le pharynx ?

SCHUTZ. – Pensez-vous, c'était répugnant.

BICHRO. – Il s'est vu mourir ?

965 SCHUTZ. – Dans d'atroces convulsions. Brr…

PIERRE. – Il laisse des enfants ?

SCHUTZ. – Trois.

PIERRE. – Peut-on imaginer quelque chose de pire ? !

SCHUTZ. – Ah ben si : ça aurait pu être moi ! Deux ans de
970 plus. Même physique, même métier. À quoi ça tient !
Si je m'étais comme lui laissé tenter par les rognons
je serais peut-être mort. J'ai pris du veau, le réflexe qui
sauve.

BICHRO. – Mon pauvre Schutz ! Et néanmoins il va falloir
975 vous soustraire à votre chagrin. Les Curie viennent de
faire une grande découverte ! Un nouveau métal ! Le
radium ! Désormais il y a un métal de plus ! !

SCHUTZ. – Un métal de plus, un métal de moins…

BICHRO. – Et c'est vous qui allez le présenter à l'Académie !

980 PIERRE. – Avant d'y entrer à la prochaine élection.

SCHUTZ. – Pour être élu au fauteuil de Binet ? Et finir comme lui, trois mois plus tard, en plein boulevard Haussmann, noyé dans les rognons !

PIERRE. – Allez, Rodolphe, il faut réagir !

985 SCHUTZ. – Hier soir, après sa mort, j'ai erré dans les rues. Je me suis soûlé, puis je me suis réfugié ici. Comme un rat blessé. Car nous sommes tous des rats. Des rats de laboratoire. On court après les honneurs comme des rats dans un labyrinthe après du gruyère. Et un beau jour, 990 crac ! Noyé dans les rognons ! Alors l'Académie, je m'en tape ! Je veux dormir. Seulement qu'on me laisse dormir. Je ne suis qu'un vieux rat fatigué. Je suis las. Je ne suis qu'un vieux rat las…

Il retombe comme une masse.

995 PIERRE, *aux autres*. – Je m'attendais à tout sauf à ça.

MARIE. – Si tu lui remettais un coup de jus ?

BICHRO, *faisant résolument non de la tête*. – Trop dangereux. S'il s'est pissé dessus c'est un truc à attraper une châtaigne[1] !

1000 MARIE. – Mais qui va présenter nos travaux à l'Académie ?

BICHRO. – Allez voir Lagrelet. Schutz et lui sont à couteaux tirés[2] mais son institut et cette école font partie du même département universitaire. D'ailleurs, en cas d'urgence, quand Schutz est absent c'est lui qu'il faut voir. Et Schutz 1005 est absent, c'est le moins qu'on puisse dire.

PIERRE. – Mais Lagrelet ne peut cautionner nos travaux ! Il n'est au courant de rien !

---

1. *Attraper une châtaigne* (familier) : s'électrocuter.
2. *À couteaux tirés* : rivaux.

BICHRO. – Il va se gêner ! Dès qu'il va comprendre qu'il y a de la médaille dans l'air à se faire sur le dos de Schutz, tu vas voir comment il va frétiller[1] ! Un peu de place au soleil, figurer sur le communiqué, c'est tout ce qu'il demandera. Il va te gribouiller vite fait un vague commentaire et roulez !

MARIE. – Parce que tu crois que Schutz se les gratte[2] lui-même les commentaires de synthèse ? C'est prêt avec le reste. Tout ce qu'il manque c'est une signature.

BICHRO. – Alors foncez chez Lagrelet !

PIERRE, *montrant Schutz.* – Suppose qu'il se ressaisisse ? Et que du coup ce soit Lagrelet qui soit en passe d'être élu à l'Académie ? Il ne nous le pardonnerait pas.

MARIE. – On peut lui donner vingt-quatre heures.

BICHRO. – Et pour quoi faire ?

GEORGETTE. – À la guerre, si les chefs se couchent les soldats ont ordre de leur piétiner le crâne !

PIERRE, *hésitant.* – Passer par Lagrelet, quand même...

GEORGETTE. – Eh bien, pour des génies vous êtes drôlement gourdes[3] ! Tout ça pour ce gros pignouf qui pense qu'à s'empiffrer ? Ce va-de-la-gueule[4] ? Qui vous écrase ! Qui vous affame de charbon ? Qui parlait de Bichro une fois en disant «le minus à pince» ?

BICHRO. – Il a dit ça ? Le *minus habens*[5] ?

---

1. *Frétiller* : se réjouir.
2. *Gratte* (familier) : écrit.
3. *Gourdes* : bêtes.
4. *Va-de-la-gueule* (familier) : vantard.
5. *Minus habens* : imbécile. Georgette déforme cette locution latine qu'elle ne connaît pas.

GEORGETTE. – Comment que je te le doublerais moi ! Votre invention, comment que j'irais la fourrer dans le cartable à Lagrelet ! Comment que je le laisserais prendre la place de Schutz pour aller faire le guignol devant les vieilles taupes ! Et le jour que Lagrelet serait élu, vous savez ce que je lui dirais, à Schutz, en le regardant partir à l'Académie assister à tous les tralalas[1] en l'honneur de l'autre ? Je lui dirais…

SCHUTZ, *tel un géant se dressant du fleuve*. – DE LA FERMER ! Elle va la fermer la larbine[2] ? On n'entend qu'elle ici !

GEORGETTE. – N'empêche que c'est vrai ! Allez-y, plaquez-le ! Il vaut plus tripette[3] !

SCHUTZ. – Elle n'a pas déjà pris une baffe aujourd'hui ? Elle en veut une autre pour la remettre dans l'axe ? *(Un temps Schutz semble regonflé à bloc.)* Assez ri. Programme des festivités : vous me faites un topo[4], je signe le commentaire et après vous me laissez mener la danse. L'Académie siège aujourd'hui. On y va en force. Je grimpe à la tribune, j'interromps les débats, j'annonce du flambant et je vous fais mousser[5]. Quand les pépés sont bien chauds, à vous les manettes ! Ne mollissons pas ! Et après, conférence de presse ! Je loue le Crillon[6] !

GEORGETTE, *à Marie*. – J'ai le coup de main hein ? Comme avec les bœufs : quand ça veut plus se lever, quelques

---

1. *Tralalas* (familier) : cérémonies.
2. *Larbine* (familier) : domestique (ce terme est péjoratif).
3. *Il vaut plus tripette* (familier) : il ne vaut plus rien.
4. *Topo* : exposé.
5. *Mousser* : voir note 2, p. 109.
6. *Crillon* : palace parisien.

coups d'ardillon[1] dans le buffet et comment que ça s'arrache du fumier !

MARIE, *sortant une épreuve du bain de révélateur.* – Et voici la
photo de la raie spectrale du radium !

1060 SCHUTZ, *ouvrant le dossier du communiqué.* – Mettez-la dans
le ragoût. Ces vieux birbes[2] vont peut-être avoir du mal
à tout boulotter[3] avec leurs chicots[4] mais faites-moi
confiance, ils vont racler la gamelle ! Allons-y, chaud
devant !

1065 *Il se dirige vers la porte.*

GEORGETTE. – Un coup de sabot dans les côtes et comment
que ça sautille !

Noir.

Scène 6

*Le labo, de nuit. Vague clarté lunaire. Pierre et Marie font leur
entrée.*

MARIE. – L'électricité a encore sauté !

1070 PIERRE. – Attention à ne pas faire tomber le radium. Je crois
que j'ai un peu trop bu de champagne.

---

1. Ardillon : pointe de métal qui permet de piquer les bœufs pour les
faire avancer.
2. Birbes : vieillards (le terme est très péjoratif).
3. Boulotter (familier) : manger.
4. Chicots. : vieilles dents.

MARIE. – Donne. Oh ! là, là ! Quel tabac[1] ! Tu as vu la tête des académiciens ?

PIERRE. – Et celle des journalistes ?

1075 MARIE. – Surtout les Anglais. Mais... tu vois ce que je vois ?

Prenant le radium pour le ranger, ils constatent qu'il émet une faible lueur bleutée.

PIERRE, *émerveillé.* – Oh...

MARIE. – Il émet même de la lumière !

1080 PIERRE. – La Lumière du Futur, Marie, la Lumière du Futur.

MARIE. – J'ai presque envie de pleurer.

PIERRE. – Parce que tu entrevois tout le bien que les hommes feront de cette nouvelle énergie ?

MARIE. – Parce qu'on va avoir le prix Nobel ! Et j'ai plus rien
1085 à me mettre !

Noir final.

RIDEAU

---

1. *Tabac* (familier) : succès.

DOSSIER

Avez-vous bien lu ?

Au fil du texte

Acte I

1. Qui est le professeur Schutz ?

2. Comment les relations entre Pierre et Marie évoluent-elles au cours de l'acte ?

3. Parallèlement à son travail de recherche dans le laboratoire, quelles activités Marie mène-t-elle ?

4. Quelle contrainte Schutz impose-t-il aux chercheurs, et quelle est leur réaction ?

5. Quel rôle les photographies de Pierre jouent-elles dans la découverte de Pierre et Marie ?

Acte II

1. Combien de temps s'est-il écoulé entre le premier et le deuxième acte ?

2. Comment la situation de chaque personnage a-t-elle évolué ?

3. Pourquoi Pierre et Marie doivent-ils reprendre leurs expériences sur l'uranium ?

4. Quels événements poussent Schutz à ne leur accorder pour cela que deux semaines ?

5. Comment évoluent les relations du couple Curie avec Georgette au cours de l'acte ?

6. Pourquoi est-il important que la dernière scène se déroule de nuit ?

Pour aller plus loin

1. Comment expliquez-vous le titre de la pièce ?

2. Quels sont les procédés comiques employés dans cette comédie ?

3. Quels sujets de société y sont abordés ?

4. Quelle image cette pièce donne-t-elle de la science ?

5. À quelle époque se déroule la pièce ? Par quels moyens cette époque est-elle reconstituée sur scène ?

Qui a dit quoi ?

Attribuez chacune des répliques suivantes au personnage qui la prononce dans la pièce.

Réplique	Personnage
Eh bien, trouvez. L'État vous paie pour trouver, pas pour chercher.	
L'intégrité n'est jamais une perte de temps. Pas plus que la franchise. Deux qualités cardinales […] dont vous me semblez bien dépourvue.	
En tout cas, mon cher, que de promesses dans ce laboratoire ! De nouvelles formes d'énergie, de nouveaux aliments pour l'élevage ! Je vais de ce pas dire au professeur Schutz la très excellente impression générale que m'inspirent vos travaux. À part bien sûr votre électromètre un peu saugrenu.	

Je vous ai apporté le catalogue complet de tout ce que j'ai fait breveter sur le marché. Choisissez, tout le catalogue si vous voulez. C'est moi qui régale.	
Faire des études pour finir par trimer comme des ouvriers avec quand même le mépris de l'ouvrier, j'appelle ça du... du... du pipi de chat !	
Je marche au plaisir, Pierre, uniquement au plaisir ! Le plaisir de chercher, de trouver, de comprendre !	

Microlectures

Microlecture n°1 : la scène d'exposition (p. 33 à 38)

Questions de compréhension

1. Où se situe la scène ?

2. Comment se nomment les deux personnages ?

3. Quelle est la profession de chacun d'eux ?

4. Un troisième personnage est évoqué : de qui s'agit-il ?

5. Qu'apprend-t-on, dans cette scène, sur les conditions de travail de Pierre ?

Questions d'analyse

1. En vous appuyant sur les didascalies, montrez comment la mise en scène indique à quelle saison se passe l'action.

2. En vous appuyant sur les didascalies, montrez comment la mise en scène offre des informations sur l'activité professionnelle de Pierre avant même que le dialogue commence.

3. En vous appuyant sur les didascalies et les dialogues, définissez le caractère de Pierre.

4. En vous appuyant sur l'ensemble de la scène, dégagez le registre dont elle relève : s'agit-il d'une scène comique ou d'une scène pathétique ?

Écriture

Georgette, rentrée au restaurant le Petit Glouton, raconte à son patron l'entrevue qu'elle vient d'avoir avec Pierre. Rédigez ce récit en une vingtaine de lignes, en respectant les caractéristiques du personnage. Votre texte se présentera sous la forme d'une tirade. Il pourra inclure des didascalies.

Microlecture n°2 : l'arrivée de Marie – acte premier, scène 4 (du début jusqu'à « Tout, à condition d'être acceptée. » p. 54, l. 472 à 573)

Questions de compréhension

1. Pourquoi Pierre et Bichro accueillent-ils Marie dans leur laboratoire ?

2. Quelles difficultés de communication les trois personnages rencontrent-ils ?

3. Quel événement déclenche la colère de Bichro ?

4. Que veut-il alors faire ?

5. Comment Marie cherche-t-elle à l'en empêcher ?

Questions d'analyse

1. En vous appuyant sur les didascalies et les répliques de Marie, montrez que la scène s'articule sur un coup de théâtre.

2. En vous appuyant sur les didascalies, montrez quelles réactions provoque chez Pierre l'arrivée de Marie dans son laboratoire.

3. En vous appuyant sur le niveau de langue et le lexique employés dans les répliques de Pierre et de Bichro, montrez en quoi les deux personnages se distinguent.

4. En vous appuyant sur l'ensemble de la scène, caractérisez le personnage de Marie à l'aide de quelques adjectifs.

Écriture

Après le départ de Bichro, Pierre reproche à Marie d'avoir menti, et la jeune femme cherche à justifier son attitude. Imaginez, sous la forme d'une scène de théâtre, le dialogue des deux personnages. Il devra permettre à chacun d'exprimer ses arguments.

Microlecture n°3 : la découverte du radium – Acte 2, scène 3 (de « Mlle Georgette, je vais essayer de simplifier » à « Silence et grande émotion entre Pierre et Marie » p. 115 à 119, l. 366 à 466)

Questions de compréhension

1. Quel est l'état d'esprit de Marie au début de la scène ?

2. À quel problème est-elle confrontée ?

3. Que lui propose Georgette ?

4. Que cherche à lui expliquer Marie ?

5. Que découvrent Pierre et Marie au cours de cette scène ?

Questions d'analyse

1. En vous appuyant sur le lexique employé, montrez que Marie développe un discours scientifique.

2. Montrez que Marie s'appuie sur des éléments de la vie courante pour développer sa démonstration. Quel est, selon vous, l'intérêt de ce procédé ?

3. Pourquoi Georgette tient-elle un rôle capital dans cette scène ?

4. Dégagez les éléments qui permettent au lecteur de comprendre l'évolution des sentiments de Marie au cours de la scène.

Écriture

Vous êtes metteur en scène. Vous vous adressez à la comédienne qui doit interpréter Marie dans cette scène pour lui expliquer de quelle manière elle doit jouer son personnage. Pour cela :

– vous lui présenterez brièvement son personnage ainsi que le contenu de la scène qu'elle doit interpréter ;

– puis vous lui expliquerez l'évolution des sentiments qu'elle doit exprimer au cours de la scène ;

– vous lui indiquerez enfin la meilleure manière d'interpréter ces sentiments sur scène.

Votre texte prendra la forme d'une tirade du metteur en scène, sans didascalies, de quarante lignes environ. La comédienne ne prendra pas la parole.

Les personnages de la comédie : de la réalité à la fiction

La vraie Marie Curie

Marie Curie en images

Observez l'image au verso de la couverture puis répondez aux questions suivantes :

1. De quel type d'image s'agit-il ? Que représente-t-elle ? Où et quand a-t-elle été publiée ?
2. Que nous apprennent ces informations sur les Curie ?
3. Décrivez Marie Curie : ses vêtements, sa coiffure, son attitude.
4. Quelle image est ici donnée de Marie Curie ?

Observez l'image p. 4 puis répondez aux questions suivantes :

1. De quel type d'image s'agit-il ? De quand date-t-elle ?
2. Où se trouve Marie Curie ? Pourquoi, selon vous, ce décor a-t-il été choisi ?
3. Décrivez ses vêtements, sa coiffure, son attitude. Quelle impression cette photographie nous transmet-elle ?
4. Comparez cette image avec l'image tirée du film *Les Palmes de M. Schutz*, dans lequel Marie Curie est interprétée par Isabelle Huppert (p. 83).

La vie de Marie Curie

Pour répondre aux questions suivantes, appuyez-vous sur la présentation p. 5 à 21.

1. Rédigez la fiche d'identité de Marie Curie, dans laquelle vous indiquerez son nom, sa date et son lieu de naissance, sa

profession, son lieu de résidence (à l'âge adulte) et ses signes distinctifs.

2. À quel âge est-elle arrivée en France ? Quel était son objectif ?

3. Quelle découverte scientifique la rendit célèbre dès 1898 ?

4. Quel prix prestigieux reçut-elle deux fois ? Que récompense ce prix ?

5. Qu'inventa-t-elle pendant la Première Guerre mondiale afin de soigner les soldats ?

6. Quelle fut la cause de sa mort ?

7. Pourquoi peut-on dire que Marie Curie fut une pionnière ?

Un discours de Marie Curie

« Je suis de ceux qui pensent que la Science a une grande beauté. Un savant dans son laboratoire n'est pas seulement un technicien : c'est aussi un enfant placé en face des phénomènes naturels qui l'impressionnent comme un conte de fées. Nous ne devons pas laisser croire que tout progrès scientifique se réduit à des mécanismes, des machines, des engrenages, qui, d'ailleurs, ont aussi leur beauté propre. Je ne crois pas non plus que, dans notre monde, l'esprit d'aventure risque de disparaître. Si je vois autour de moi quelque chose de vital, c'est précisément cet esprit d'aventure qui paraît indéracinable et s'apparente à la curiosité. »

Marie Curie, conférence prononcée lors du congrès « L'avenir de la culture », Madrid, 1933.

1. Quelle image Marie Curie donne-t-elle ici de la science ?

2. Quelle métaphore utilise-t-elle à propos du scientifique ? Quel est le sens de cette métaphore ?

3. À quelle idée s'oppose-t-elle dans ce texte ? avec quel argument ?

Pierre, Bichro, Schutz : trois figures du scientifique

1. Précisez les relations qui existent entre ces trois personnages masculins.

2. Quel(s) point(s) commun(s) percevez-vous entre ces trois personnages ?

3. Ces personnages s'opposent physiquement. Quel personnage correspond aux descriptions suivantes ?

– Il a les cheveux en brosse et une barbiche. Il porte des vêtements usés.

– Il a les cheveux bruns et une barbe rousse.

– Il est gros et il est vêtu d'une redingote.

4. Ils se distinguent aussi par leur caractère. Cherchez au moins deux adjectifs permettant de définir la personnalité de chacun d'eux.

5. Enfin, ils ont tous une idée différente de la science. Qu'attend chaque personnage de la science ?

La construction de la comédie

Les fils de l'intrigue

1. La trame des *Palmes de M. Schutz* lie deux intrigues : une intrigue scientifique, celle de la découverte du radium, et une intrigue sentimentale, celle de l'histoire du couple que forment Pierre et Marie Curie. Déterminez les éléments qui permettent à chacune des deux intrigues de progresser.

2. Comparez la construction de l'intrigue scientifique dans l'acte 1 et dans l'acte 2 : quels points communs pouvez-vous observer ?

3. Quels événements importants de l'intrigue sentimentale ne sont pas montrés sur scène ?

4. En vous appuyant sur les éléments que vous ne pouvez rattacher directement ni à l'intrigue scientifique ni à l'intrigue sentimentale, distinguez les intrigues secondaires du premier acte. Quel est leur intérêt, selon vous ?

L'art de la comédie

1. La comédie classique respecte l'unité de temps, de lieu et d'action. Est-ce le cas ici ?

2. L'intrigue d'une comédie connaît traditionnellement de multiples rebondissements. Parmi les nombreuses péripéties de l'histoire, lesquelles pourriez-vous qualifier de coups de théâtre ?

3. Observez les péripéties des dernières scènes de la pièce : en quoi correspondent-elles à ce que l'on attend du dénouement d'une comédie ?

4. Cette comédie ne vise-t-elle qu'à susciter le rire, ou a-t-elle également une autre visée ? Vous répondrez à cette question dans un paragraphe argumenté, en illustrant votre propos par des exemples précis.

De la pièce au film

Analyse d'image

Observez les images extraites du film (p. 30 ; 37 ; 83 et à la fin du livre). Décrivez ce que vous voyez. En vous aidant du lexique ci-dessous, déterminez leur cadre. Pourquoi, selon vous, le réalisateur a-t-il fait ce choix ?

Le cadre : ce que l'on voit à l'écran

GROS PLAN : la tête du personnage ou un seul objet.

PLAN RAPPROCHÉ : le personnage de la tête à la poitrine ou à la taille.

PLAN AMÉRICAIN : le personnage de la tête aux cuisses.

PLAN DE DEMI-ENSEMBLE : le personnage et une partie du décor.

PLAN D'ENSEMBLE : le personnage et le décor.

PLAN GÉNÉRAL : le décor, de loin.

Photo	Contenu	Cadre	Interprétation
1	Schutz et le recteur visitent le laboratoire de Pierre.		
2	Pierre et Bichro, en blouse, regardent dans la même direction.		
3	Marie, dans son laboratoire, en train de travailler.		
4	Marie et Pierre observant la mesure de l'électromètre.		

Comparer le film et la pièce

Observez les images p. 30 ; 56 ; 83 et 96.

Les décors

1. Comparez les décors utilisés dans la pièce et dans le film : quelle différence constatez-vous ?

2. Comment expliquez-vous cette différence ?

L'histoire

1. Quels épisodes, qui concernent l'intrigue sentimentale, ont été ajoutés ?

2. Comment le dénouement de l'intrigue scientifique a-t-il été modifié ?

3. Quelles péripéties ont été supprimées ?

Les personnages

1. Le metteur en scène a-t-il choisi des acteurs qui correspondent, physiquement, à ceux décrits dans les didascalies de la pièce ?

2. Les personnages du film ont-ils les mêmes traits de caractère que ceux de la pièce ?

3. La place qu'ils tiennent dans l'intrigue est-elle identique ?

Écriture

Pour le journal de votre établissement, vous rédigez un article de quarante lignes sur le film de Claude Pinoteau, dans lequel vous analysez l'adaptation de la pièce au cinéma.

Vous présenterez brièvement la pièce de Jean-Noël Fenwick et son adaptation au cinéma.

Vous expliquerez quelles sont les principales caractéristiques de l'adaptation de la pièce pour le cinéma

Enfin, vous exprimerez votre avis de manière argumentée : de la pièce ou du film, quelle œuvre conseilleriez-vous d'aller voir ?

Imprimé à Barcelone par:
BLACK PRINT

Création maquette intérieure :
Sarbacane Design.

Composition : In Folio.

Dépôt légal : juin 2011
Numéro d'édition : L.01EHRN000278.C002